은혜를 담는 그릇

부족함

은혜를 담는 그릇
부족함

지은이 · 최병락
초판 발행 · 2015. 8. 3
8쇄 발행 | 2023. 6. 28
등록번호 · 제1988-000080호
등록된 곳 · 서울특별시 용산구 서빙고로 65길 38
발행처 · 사단법인 두란노서원
영업부 · 2078-3352 FAX 080-749-3705
출판부 · 2078-3331

책 값은 뒤표지에 있습니다.
ISBN 978-89-531-2267-3 03230

편집부에서 독자의 의견을 기다립니다.
tpress@duranno.com   http://www.Duranno.com

두란노서원은 바울 사도가 3차 전도여행 때 에베소에서 성령 받은 제자들을 따로 세워 하나님의 말씀으로 양육
하던 장소입니다. 사도행전 19장 8-20절의 정신에 따라 첫째 목회자를 돕는 사역과 평신도를 훈련시키는 사역,
둘째 세계선교(TIM)와 문서선교(단행본·잡지) 사역, 셋째 예수문화 및 경배와 찬양 사역, 그리고 가정 · 상담 사
역 등을 감당하고 있습니다. 1980년 12월 22일에 창립된 두란노서원은 주님 오실 때까지 이 사역들을 계속할
것입니다.

은 혜 를 담 는 그 릇

부족함

최병락

두란노

목차

이 책은 역설적인 하나님의 은혜에 관한 책입니다. 이 책은 보물찾기입니다. 하나님이 '부족함' 속에 담아 두신 보물을 찾도록 도와줍니다. 부족함이 얼마나 큰 은혜인가를 보여 주는 이 책은 감동 그 자체입니다. 하나님의 안목으로 부족함을 바라보도록 도와주는 이 책은 부족함 속에 살고 있는 사람들을 영적인 부자로 만들어 줍니다. 가난, 깨어짐, 약점, 연약함, 장애, 실패, 그리고 질병이 하나님의 기적의 통로가 될 수 있음을 가르쳐 줍니다. 이 책은 부족함 속에 담긴 충만, 부족함 속에 담긴 능력, 부족함 속에 담긴 행복, 부족함 속에 담긴 자족을 가르쳐 줍니다. 부족함이 열어 주는 새로운 세계 속으로 이끌어 줍니다.

이 책은 저자의 철저한 성경 읽기, 축적된 독서, 깊은 묵상, 그리고 처절한 이민 목회의 현장에서 태어났습니다. 그래서 이 책을 읽다 보면 자주 멈추게 됩니다. 자주 멈춰 서서 더 깊은 묵상, 더 깊은 질문 속으로 들어가게 됩니다. 무엇보다 부족함 중에 하나님만 바라보는 충만한 은혜 속으로 깊이 빠져들게 됩니다.

자신의 부족함이 하나님의 변장된 축복임을 깨닫기를 원하는 모든 분들에게 이 책을 추천하고 싶습니다.

강준민(L.A. 새생명비전교회 담임 목사)

저자는 목회 여정 동안 발견한 '부족함에 대한 통찰'을 굉장히 따뜻한 필치로 그려 냅니다. 묘한 것은, 그 따뜻한 글이 어느 순간에 가면 우리의 영혼 깊은 곳에서 속울음을 이끌어 냅니다. 왜일까요? 서럽고 고단한 각 사람의 인생에 대한 깊은 이해와 공감이 그의 글 속에 담겨 있기 때문입니다. 우선, 그는 보란 듯이 성공하고 박수 받는 삶만이 하나님의 영광을 드러내는 재료가 아님을 분명히 천명합니다. 오히려 초라하고 한 없이 부족한 삶이 영광의 문을 여는 도구가 될 수 있음을 기가 막힌 논리로 설명해 나갑니다.

따뜻함과 치밀함이 동시에 담긴 그의 글을 읽다 보면, 어느새 우리는 부족함을 우리 삶에 허락하신 하나님을 찬양하는 자리 에 서 있을 것입니다.

김관성(덕은침례교회 담임 목사, 《본질이 이긴다》 저자)

하나님의 사람을 만나는 것은 그 어떤 것보다 기쁘고 행복합 니다. 안식년을 댈러스에서 보내면서 저자를 만났습니다. 너 무나 호감 가는 외모에 깊은 영성이 느껴졌습니다. 담임하시 는 세미한교회는 댈러스에서 가장 뜨겁게 부흥하는 한인 교회 입니다. 저자에게 특별히 마음이 끌린 것은 그가 쓴 《다시, 일어남》을 읽은 다음이었죠. 책을 받은 날에 다 읽었습니다. 주님의 은혜가 마음 깊이 임하는 것을 느꼈습니다.

이번에 책을 내게 되었다면서 원고를 보내 주셨는데, 출간되기 전에 저는 첫 번째 독자가 되었습니다. 역시 너무나 깊은 은혜를 받았습니다.

저자가 담임하는 세미한교회가 부흥하는 중요한 이유는, 목사님의 설교를 통해 드러나는 주님의 마음 때문이라고 여겨집니다. 이 책에서도 실패하고 낙심하고 고통스러워하는 이들을 향한 주님의 깊고 풍성한 마음을 느끼게 되었습니다.

이 책의 핵심 주제는 부족함 속에 감춰진 하나님의 선물을 발견하는 것입니다. 이것은 정말 놀라운 은혜가 아닐 수 없습니다. 실제로 예수님이 말씀하신 여덟 가지 복의 공통점은 부족함입니다. 결핍과 부족함이 주는 최고의 선물은, 하나님을 바라보게 만든다는 것이죠. 그래서 저자는 부족함 때문에 인생이 멈춰 섰다면, 신세를 한탄하며 시간을 보내지 말고 하나님이 감춰 두신 보물찾기를 시작하라고 도전합니다. 이것은 저자 자신의 경험에서 나온 교훈입니다.

저자가 유학 중에, 그리고 이민 목회를 하면서 겪은 온갖 어려움에 대한 고백을 읽으면 눈시울이 붉어집니다. 특히 목양실이 없어서 매일 스타벅스에 출근하여 말씀 묵상을 하고 설교를 준비하는 이야기를 읽으면 마음이 먹먹해집니다. 그러나 그것이 목사님의 목회 자산임을 알게 됩니다.

부족함은 오히려 사람들의 매력을 끄는 힘이 있습니다. 사람들과 소통하게 만드는 말할 수 없는 신비가 그 속에 있습니다. 부족함은 사명감의 원동력이 됩니다. 자신의 부족함 때문에 다른 사람의 부족함을 넉넉히 이해하는 넓은 품이 생깁니다. 부족함에서 발견할 가장 큰 보물은 하나님입니다. 하나님은 어느 곳에나 계시는 분입니다. 단지 눈에 보이지 않았던 것뿐입니다. 우리가 멈추면, 하나님이 보입니다. 멈추면, 소중한 사람들이 보입니다. 멈추면, 하나님이 감춰 두신 보물이 보입니다.

이 책을 읽을 때 흥분되는 이유는, 자신의 부족함이 주는 유익에 눈이 뜨이기 때문입니다. 기적이나 성공 스토리가 아닌, 부족함 속에서 찾아낸 보물 이야기에 우리의 가슴이 더 크게 울립니다. 진정한 행복과 감사는 부족함 속에 감춰 두신 하나님의 보물을 발견할 때 오는 것입니다.

이 책에서 독자는 힘이 있어야 살아남는 세상에서 오히려 힘이 없어서 살아남는 이야기를 읽게 됩니다. 인생은 힘이 있어야 살지만, 힘을 빼야 살기도 합니다. 힘이 넘치는 것도 큰 복이지만, 힘이 모자라는 것도 복이 될 수 있습니다. 그래서 이 책을 읽는 이들은 삶의 새로운 의욕이 일어남을 느끼게 됩니다.

부족함 때문에 오늘도 부지런히 주님을 찾고 있다면, 당신은 충분히 행복한 사람입니다. 가난해도 괜찮습니다. 병이 생겨

몸이 문드러져도 괜찮습니다. 그 부족함 때문에 방문 걸어 잠그고 숨어 있는 것이 아니라, 그 부끄러움을 가지고 길거리로 나와 지나가는 예수님의 옷자락을 붙잡아야 합니다. 멀고 험한 인생길을 가야 하는 우리에게 필요한 짐은 다음 성경 구절 하나면 충분합니다.

"나의 하나님이 그리스도 예수 안에서 영광 가운데 그 풍성한 대로 너희 모든 쓸 것을 채우시리라"(빌 4:19).

히브리서 기자는 인생길을 달려가는 우리가 바라봐야 할 것을 많이 소개하지 않고, 딱 한 가지만 소개하고 있습니다.

"믿음의 주요 또 온전하게 하시는 이인 예수를 바라보자"(히 12:2).

유기성(선한목자교회 담임 목사)

우리 인생에서 자주, 그리고 많이 경험하길 원하는 단어가 있다면 '만족함'일 것입니다. 그러나 삶을 살아가면서 더 많이 경험하게 되는 단어는 '부족함'이 아닐까 싶습니다. 수없이 많은 부족함과 결핍의 인생 속에 한 가지 소망이 있다면, 그것은 하나님의 은혜를 만나는 것입니다.

사랑하는 동역자, 최병락 목사님의 이 책은 인생에서 만나는 부족함이 하나님의 은혜를 담는 그릇이라고 말합니다. 부족함 속에서 하나님을 바라보고, 하나님의 은혜를 담을 수 있는 비결이 담겨 있습니다. 여전히 내 삶은 부족함투성이라고 생각한다면 지금 바로 이 책을 펼쳐 보시기 바랍니다.

진재혁(지구촌교회 담임 목사)

우리의 부족함 속에서 일하시는 하나님

이 책은 단순한 질문으로부터 시작됐습니다.

"하나님은 모든 것을 갖고 계신데, 왜 우리들의 삶은 늘 부족한 것투성이일까?"

이 책은 우리가 복을 받지 못하는 이유를 밝히거나, 어떻게 하면 하나님의 복을 누릴 수 있는지에 대한 방법을 소개하는 책이 아닙니다. 또한 부족함을 잘못된 신앙생활에서 기인한 병리 현상으로 해석하지 않습니다. 시종일관 부족함 속에 감춰 둔 하나님의 선물을 발견하는 일에 힘을 쏟으려고 합니다.

하나님이 우리를 통해 확인하고 싶어 하시는 것은, 우리의 '소유'가 아니라 하나님을 향한 '마음'입니다. 하나님은 늘 우리의 시선과 마음이 어디를 향하고 있는지를 살피십니다.

하나님이 이스라엘을 택하여 그들로 광야 길을 걷게 하신 이유를 성경은 이렇게 설명합니다.

"네 하나님 여호와께서 이 사십 년 동안에 네게 광야 길을 걷게 하신 것을 기억하라 이는 너를 낮추시며 너를 시험하사 네 마음이 어떠한지 그 명령을 지키는지 지키지 않는지 알려 하심이라"(신 8:2).

광야를 걷고 한없이 낮아진다고 해도 하나님께로 향한 우리의 마음이 바뀌지 않는다면, 우리의 시선이 여전히 주님을 바라보고 있다면, 부족함은 더 이상 부족함이 아니라 만족을 담는 그릇이 될 것입니다.

결핍과 부족함이 주는 최고의 선물은, 하나님을 바라보게 한다는 것입니다. 하나님을 더 깊이 묵상하게 하고, 하나님이 어떤 분이신지를 온몸으로 느끼게 합니다. 결핍과 부족함은 지속적으로 하나님을 바라보게 만드는 힘이 있습니다.

예수님의 말씀 중 가장 위대한 역설이 있다면, 산상수훈에서 말씀하신 '팔복'일 것입니다. 예수님이 말씀하신 여덟 가지 복의 공통점은 무엇일까요? 바로 '부족함'입니다. 심령이 가난하고, 애통하고, 의에 주리고 목마르며, 마음이 텅 비어 있고, 핍박받는 사람들이 어떻게 복 있는 사람일까요? 그 이유는, 그 부족함은 그냥 부족함이 아니라, 하나님이 채우실 공간을 만들어 내기 때문입니다. 심령이 가난하게 되면, 하나님은 그 부족한 공간에 천국을 채워 주십니다. 마음을 비우고 청결해지면 하나님은 그 공간에 하나님 자신을 채워 주시죠. 그렇기에 부족함은 하나님이 깃드시는 공간이 되는 것입니다.

우리의 삶에 하나님이 임하시지 않는 것은, 하나님이 아닌 것들로 채워진 것이 너무 많아서 하나님이 찾아오실 공간이 없기 때문입니다. 팔복은 하나님이 머무실 공간이 충분한 사람들을 위해 준비된 복입니다. 우리가 의에 주리고 목마른 자들이 될 때, 비로소 하나님이 채우시는 진정한 배부름을 경험하게 될 것입니다.

이스라엘의 부족함과 낮아짐이 어떻게 귀결되는지를 같은 본문은 이렇게 기록합니다.

> "… 이는 다 너를 낮추시며 너를 시험하사 마침내 네게 복을 주려 하심이었느니라"(신 8:16).

우리의 부족함이 하나님이 채우시는 만족함으로 바뀔 때까지 하나님은 우리 속에서 쉬지 않고 일하실 것입니다.

　이 책을 통해 우리의 부족함이 주는 유익과 부족함 속에서 일하시는 하나님을 풍성히 경험하기를 소망합니다.

　이 책이 세상에 나오기까지 힘이 되어준 사랑하는 아내 이수복 사모와 딸 하연과 아들 영광, 그리고 세미한교회 식구들과 두란노서원에 감사를 드립니다.

2015년 8월
최병락

1

부 족 함 은
우 리 의   눈 을
열 어   준 다

결핍과 부족함은 소중한 것을 발견하게 만듭니다. 너무 익숙한 것이라 지나쳤던
모든 것이 고마움으로 다가오게 되죠. 하나님은 우리가 그 소중한 것들을 그냥
지나치고 살아가기를 원하지 않으십니다. 그래서 우리를 자주 부족한 상태로 만
드시는 것입니다.

레오나르도 다빈치가 그린 〈모
나리자〉가 사람들에게 인기 있는 이유는 무엇일까요? 많은 사
람들은 해석하기 힘든 여인의 신비한 미소에서 그 원인을 찾
곤 합니다. 그렇다면 그 신비한 미소는 어떻게 해서 만들어진
것일까요? 무엇이 그 그림을 신비에 쌓인 예술품으로 승화시
킨 것일까요? 그것은 다름 아닌 사라진 눈썹 때문입니다.

〈모나리자〉 그림에 나타난 그 여인에게는 눈썹이 없습니다.
다빈치가 의도적으로 그려 넣지 않은 것인지, 시간이 없어서
못 그린 것인지, 혹은 지워졌는지는 몰라도 눈썹이 없는 것만
은 확실합니다.

여인의 얼굴에서 눈썹이 차지하는 비중은 상당합니다. 그

래서 많은 여성들이 눈썹 화장에 많은 시간을 보냅니다. 심지어 눈썹이 지워지지 않도록 문신을 새기기도 하죠. 우리 주변에 눈썹을 깨끗이 면도하고도 길을 당당하게 나설 수 있는 여성이 몇 명이나 될까요? 그런데 세상 모든 남자들의 마음을 뒤흔드는 모나리자의 얼굴에 눈썹이 없다니, 얼마나 아이러니한 일인지 모릅니다.

어쩌면 눈썹이 없기 때문에 사람들의 시선이 다른 곳을 향하는 것인지도 모르겠습니다. 모나리자의 눈동자를 자세히 보게 되고, 입가에 조심스럽게 번진 미소를 읽게 되지요. 눈썹에 집중할 시선들이 다른 곳에 집중하게 되면서 모나리자의 모든 표정이 캔버스 위에서 살아나는 것입니다.

이처럼 부족함은 신비한 매력을 만들어 내기도 합니다. 부족하고 모자란 한 가지 때문에 그동안 묻힌, 나머지 소중한 것들이 보이기 시작하는 것이죠. 가치 없다고 생각했던 것들이 새로운 가치를 지니게 되고, 지나쳤던 모든 것이 새로운 의미로 재해석되는 것입니다. 너무 강한 한 가지 장점 때문에 묻힌 숨은 장점들이, 강하다고 생각했던 장점이 사라지는 순간 여기저기서 발견되는 것이죠. 눈썹 없는 모나리자의 얼굴 때문에 얼굴 전체가 신비로운 매력을 지니게 된 것처럼, 부족함은 새로운 것을 발견하는 힘이 됩니다.

현미경으로
보물찾기

제가 현미경을 처음 본 것은 초등학교 3학년 때로 기억합니다. 어느 날 담임선생님이 난생처음 보는 현미경이란 것을 허리춤에 끼고 교실로 들어오셨습니다. 그것을 탁자 위에 내려놓고는 손을 내밀어 창문에 드리워진 나뭇잎 하나를 따셨습니다. 그리고 현미경 밑에 그 나뭇잎을 놓고, 차례대로 나와서 구경하게 하셨죠.

　제 순서가 되어 한쪽 눈을 지그시 감고 다른 눈을 현미경 접안렌즈에 들이댔을 때의 충격은 아직도 잊을 수가 없습니다. 시골에서 태어나 어린시절을 보낸 저에겐 사방 천지가 산이며 나무였습니다. 그런데 신기할 것 하나 없던 나뭇잎이 순간 제 눈앞에서 전혀 다른 모습의 자태를 드러낸 것입니다. 그때의 충격과 감동은 지금도 사라지지 않고 기억 속에 자리하고 있습니다.

　하나님은 세상을 창조하실 때 두 가지 세상을 창조하셨습니다. 우리의 두 눈으로 볼 수 있는 세상과 현미경으로 봐야만 보이는 또 하나의 세상이죠. 현미경으로 세상을 보려면 한 가지 조건이 있습니다. 반드시 멈춰 서야 한다는 것입니다. 차를 타고 달려가면서 창밖에 피어 있는 꽃잎을 현미경으로 볼 수는 없습니다. 반드시 멈춰 서야 합니다. 그리고 꽃에게로 가만가만 다가가 현미경을 대고 볼 때, 비로소 새로운 세상이 열리죠.

부족한 상태란, 우리가 멈춰 서는 상태를 말합니다. 연료가 부족하면 자동차는 멈춰 서게 됩니다. 아무리 작은 부속이라도 어느 하나가 빠지면 기계는 얼마 가지 않아 멈춰 서지요. 멈춰 섰다는 것은 무엇인가 부족한 것이 있다는 뜻입니다. 그렇다면 멈춰 설 때 우리가 해야 할 일은 무엇일까요? 바로 하나님이 주신 다른 눈, 현미경을 꺼내 드는 것입니다.

하나님은 우리의 삶 속에 수많은 보물을 감춰 두셨습니다. 그 보물은 눈을 뜨면 그냥 보이는 것이 아닙니다. 반드시 멈춰 서야 합니다. 그리고 익숙한 물건들을 하나하나 들춰 보면서 차근차근 찾아야 합니다. 그래야 보이는 것이 보물입니다.

제가 사는 미국 댈러스 근교에는 호수가 참 많습니다. 그중 가장 아름다운 곳은 단연 '파섬 킹덤'(Possum Kingdom) 호수입니다. 그곳에는 제가 아는 분의 소유로 된 아름다운 별장이 있습니다. 저는 그곳에서 두 번의 휴식을 취할 기회가 있었습니다. 한 번은 우리 가족들과 다녀왔고, 두 번째는 사역자 수양회를 그곳에서 보냈습니다. 가족과 떠난 휴가에서 우리는 잊을 수 없는 많은 추억을 만들고 왔습니다. 하지만 그 집에 대해서는 별로 기억에 남는 것이 없었죠. 수양회를 다녀온 뒤, 지금 저의 머릿속에는 그곳의 구조는 물론 집기까지 사진처럼 담겨 있습니다. 이유는, 바로 보물찾기 때문입니다.

수양회 기간 중 보물찾기 순서가 있었는데, 별장 구석구석에 보물 이름이 담긴 쪽지를 숨겨 두고 5분 안에 가장 많이 찾는 사람에게 거액(?)의 상금을 주기로 했습니다. 그 순간 저의 눈이 열린 것이죠. 모든 물건 하나하나가 보물을 감춰 둔 것처럼 보였습니다. 어느 것 하나 그냥 지나치는 법 없이 살피기 시작했습니다.

비록 등수에 들지 못해 선물은 받지 못했지만, 그 보물찾기가 제게 안겨 준 선물은 그 집의 모든 것을 알게 되었다는 것입니다. 이제 눈만 감으면 그 집이 제 마음에 풍경처럼 떠오릅니다. 하나하나 만졌던 물건들은 어느새 그 형체까지 선명하게 떠오릅니다. 그곳은 제게 고향 같은 장소가 됐습니다.

이처럼 보물찾기의 매력은 하나님이 만드신 자연을 하나하나 더듬어 보는 것이 아닐까 생각합니다.

부족함과 내려놓음은 같은 것 같지만 다릅니다. 내려놓음이 자력에 의한 선택이라면, 부족함은 타력에 의해 짊어지게 된 인생의 짐 같은 것입니다. 앞으로 가고 싶으나 갈 수 없는, 멈춰진 상태죠. 해야 할 일이 산더미같이 쌓였는데도 아무것도 할 수 없고 완전히 멈춰 서 있는, 타력에 의한 정지 상태입니다. 그때 우리가 해야 할 일은 무엇일까요? 바로 보물찾기를 하는 것입니다. 신세를 한탄하며 시간을 보내는 것이 아니라, 멈춤으로써 보이기 시작하는 감춰져 있는 보물을 발견해야 합니다. 만일 우리가 그 보물을 발견하지 못한다면, 하나님은 절대로 우리를 움직이게 하지 않으실 것입니다.

야곱의 인생에서 가장 중요한 두 가지 사건이 있습니다. 하나는 벧엘 사건이고, 또 하나는 얍복 강 사건입니다. 이 두 가지 사건에는 공통점이 있습니다. 모두 가던 길을 멈춰 섰을 때 일어난 사건이라는 것입니다.

야곱은 자신을 죽이려는 형 에서의 칼을 피해 40년 동안 살았던 고향 브엘세바를 떠나 하루 만에 80km를 달려야 했습니다. 장정 걸음으로 20시간, 달려서는 10시간이 넘는 거리죠. 하루에 마라톤을 두 번 달린 거리가 브엘세바에서 벧엘까지의 거리인 것입니다. 그가 그곳에 멈춰 선 것은 쉬기 위해서가 아니라, 더 이상 달려갈 힘이 없었기 때문입니다. 자력이 아니라 번아웃(burnout)이라는 타력에 의해 멈춰 선 것이죠.

광야에 익숙한 에서가 언제 나타나 자신의 목숨을 가져갈지 모른다는 긴장감 속에서 야곱은 잠이 들게 됩니다. 그때 야곱의 심정이 어땠을까요? 잠을 자는 중에 에서가 나타나서 자신의 목숨을 앗아가도 이제는 어쩔 수 없는 완전히 지친 상태일 것입니다. 모든 것을 포기해야 하는 그 순간이야말로 야곱이 처음으로 자기 자신을 완전히 내려놓고, 하나님께 모든 것을 맡겨야만 했던 순간이었을 것입니다. 아니, 철저히 맡겨야만 눈을 감을 수 있었을 것입니다. 다행히 그는 그렇게 했습니다. 자신을 내려놓고 하나님께 생명까지 맡긴 최초의 순간이 벧엘에서 일어난 것입니다.

그때 40년 만에 처음으로, 아버지 이삭이나 어머니 리브가를 통해서가 아니라 야곱 자신에게 직접 하나님이 나타나셨습니다.

> "내가 너와 함께 있어 네가 어디로 가든지 너를 지키며 너를 이끌어 이 땅으로 돌아오게 할지라 내가 네게 허락한 것을 다 이루기까지 너를 떠나지 아니하리라 하신지라"(창 28:15).

그가 아무것도 할 수 없는 순간에 하나님이 등장하십니다. 그가 자신을 내려놓고 하나님께 모든 것을 맡기고 광야에서 눈을 감았을 때, 하나님은 그의 눈이 되어 주셨고 밤새 뜬눈으로 그를 지켜 주셨습니다. 그가 자신의 달음박질을 멈추고 하나님 안에서 안식했을 때, 하나님이 어디로 가든지 야곱의 발이 되어 주겠다고 약속하셨습니다.

그 약속과 함께 야곱은 아침 햇살에 눈을 뜹니다. 죽음을 각오하고 눈을 감았는데, 다행히 아무 일도 일어나지 않았습니다. 졸지도, 주무시지도 않는 하나님이 그를 지켜 주신 것입니다. 이 사실을 깨달았을 때, 비로소 야곱의 또 하나의 눈이 열리게 됩니다. 그리고 그 땅에서 멋진 보물 하나를 발견합니다. 그 보물은 무엇일까요?

> "야곱이 잠이 깨어 이르되 여호와께서 과연 여기 계시거늘 내가 알지 못하였도다"(창 28:16).

바로 '하나님'이라는 진짜 보물을 발견한 것입니다.

여기서 야곱의 고백을 주목해 볼 필요가 있습니다. 그는 여호와께서 여기까지 찾아오셨다고 고백하지 않고, 여기 계셨는데 내가 몰랐다고 고백합니다. 이것을 깨닫고 당장에 '루스'(Luz, 편도나무)를 '벧엘'(Bethel, 하나님이 거하시는 집)로 고쳐 부릅니다.

그렇습니다. 하나님은 야곱이 가는 어느 곳, 어디에나 계시는 분입니다. 단지 야곱의 눈에만 보이지 않았던 것이죠. 야곱은 그날 아침, 그 광야에서 하나님이라는 최고의 보물을 발견했습니다. 가장 힘든 순간에, 한 발이라도 더 빨리 도망가야 하는 순간에 지칠 대로 지쳐서 한 발짝도 앞으로 갈 수 없어 멈춰 섰을 때, 오히려 하나님이라는 보물을 발견한 것이죠.

야곱에게 일어난 또 하나의 사건도 역시 멈춰 섰을 때 일어납니다. 하란에서 거부가 된 야곱은 고향으로 돌아오게 됩니다. 그런데 어떻게 소식을 들었는지 에서가 400명의 군사를 이끌고 자신에게로 온다는 소식을 듣게 됩니다. 그 순간 야곱은 더 빠른 속도로 움직이는 대신 얍복 강가에 멈춰 섭니다. 발이 느린 짐승들과 여인들과 자녀들은 모두 얍복 강을 건너게 하고, 그만 홀로 남아 멈춰 선 것입니다. 밤새도록 멈춰 선 그 자리에서 그는 마침내 하나님의 얼굴을 보게 됩니다. 그리고 얍복 나루터를 '브니엘'(Peniel, 하나님의 얼굴)로 바꿔 부르죠.

멈추면 하나님이 보입니다. 야곱은 이 엄연한 사실을 두 번이나 경험했습니다. 형이 쫓아온다는 소식을 듣고, 야곱은 발 빠르게 도망가는 대신 멈춤을 선택했습니다. 멈추는 시간은 하나님을 만날 가장 좋은 시간임을 알았던 것이죠. 어김없이 하나님은 나타나셨고, 그의 평생의 부끄러운 이름 야곱을 영광스러운 이름 이스라엘로 바꿔 주십니다. 멈춘 자에게 주시는 하나님의 선물이죠.

이처럼 멈추면 하나님이 보입니다. 멈추면 소중한 사람들이 보입니다. 멈추면 하나님이 감춰 두신 보물이 보이는 것입니다. 잘나가던 인생이 불현듯 멈춰 서 있나요? 그렇다면 현미경을 꺼낼 시간입니다. 그리고 최대한 자세히 보물을 찾아보십시오. 당신이 보물섬에 살고 있다는 것을 금세 알게 될 것입니다.

어둠 속에서 들려주는
동화 이야기

부족함은 자신을 돌아보게 만드는 힘이 있습니다. 강점이 많으면 약점에 소홀하게 됩니다. 강점을 신뢰하기 때문입니다. 그러다가 어느 날 강점이 사라질 때, 사람들은 당황합니다. 약점에 대비하지 않았기 때문이죠. 우리는 부족함을 발견하고, 그 부족함 속에 감춰 있는 장점들을 부지런히 발견해야 합니다. 부족함이 장점으로 바뀌지는 않아도, 부족함 그 자체가 갖고 있는 장점이 있습니다.

　고 강영우 박사는 시각장애인임에도 불구하고 유학을 가서 미국 피츠버그 대학교에서 박사 학위를 받고 차관보까지 오른 입지전적의 인물입니다. 강영우 박사에게는 두 아들이 있습니다. 그중 큰아들 진석에 대한 이야기를 소개합니다.

강영우 박사는 어느 날 우연히 초등학교에 다니던 아들 진석의 일기장에 담긴 내용을 아내로부터 듣게 됩니다. 그 일기장에는 이런 글이 쓰여 있었습니다.

"우리 아빠는 앞을 보지 못하는 시각장애인입니다. 그래서 나랑 자전거도 함께 타지 못하고, 공 던지기 놀이도 하지 못합니다. 나는 우리 아빠와 함께 할 수 있는 것이 없습니다."

모든 내용이 못하는 일에 대한 것이었습니다. 적지 않은 충격을 받은 강영우 박사는 책 한 권을 들고 침대에 누운 아들의 머리맡에 앉았습니다.

"진석아, 아빠가 신기한 거 보여 줄까?"

"뭔데요?"

"아빠는 깜깜한 데서도 글을 읽을 수 있지."

그러고는 불이 꺼진 깜깜한 방에서 점자로 된 동화책을 아들이 잠들 때까지 읽어 줬습니다. 그 모습을 본 아들이 신기해하며 학교에 가서 아이들에게 자랑했습니다.

"너희 아빠는 눈감고 책 읽을 수 있어? 우리 아빠는 불 꺼진 방에서 내가 잠들 때까지 책을 읽어 줘서. 한 자도 안 틀리고."

친구들의 반응은 하나같았죠.

"와~ 너네 아빠 진짜 멋지다!"

입을 다물지 못하고 바라보는 친구들의 부러운 눈빛을 보면서 진석은 한없이 뿌듯했습니다.

강영우 박사는 자신의 약점과 부족함을 오히려 강점으로 사용했습니다. 자신의 부족함을 오히려 활용해서, 깜깜한 방에서 아들이 잠들 때까지 한 자도 틀리지 않고 흥미진진한 이야기를 들려준 것이죠. 그렇게 어둠 속에서 동화를 듣고 자란 진석은 미국 최고의 대학교에 입학하게 됩니다.

미국에서는 대학에 진학 할 때 가장 중요한 것 중 하나가 에세이를 쓰는 것입니다. 진석이가 쓴 대학 진학 에세이의 제목은 이것이었습니다.

"어둠 속에서 들려주는 동화 이야기"(Bedtime story in the darkness).

아버지에 대한 이야기였습니다. 이 에세이가 사정관들의 마음을 감동시켰습니다.

진석은 모두가 부러워하는 대학교에 입학합니다. 그 후 아버지처럼 앞을 보지 못하는 사람들의 눈을 치료해 주기 위해 의사가 되죠. 그리고 3만 번 이상의 눈 수술을 집도해서 〈워싱턴 포스트〉(The Washington post)가 선정한 '2011년 최고의 슈퍼 닥터'에 뽑힙니다. 하나님은 강영우 박사의 보이지 않는 눈을, 3만 명 이상의 사람들의 눈을 뜨게 만드는 원동력으로 사용하신 것입니다.

어둠 속에서 들려주는 동화 이야기는 시각장애인이 눈을 떴다는 성공 스토리가 아니라, 부족함 속에서 찾아낸 보물 이야기이기에 우리의 가슴을 더 크게 울립니다. 우리는 시각장애인이 눈뜬 성공 스토리에 익숙해져서 시각장애인만이 할 수 있는 진짜 보물에는 관심을 두지 않습니다. 우리는 눈이 떠지기만을 소원합니다. 그렇기 때문에 앞을 보지 못하는 이상 언제나 불행하다고 생각하죠. 그러나 진정한 행복과 감사는 부족함 속에 숨겨 놓으신 하나님의 보물을 발견할 때 찾아오는 것임을 알아야 합니다.

철학자 블레즈 파스칼(Blaise Pascal)은 《팡세》(Pensées)에서 이런 말을 했습니다.

"내가 망원경을 들고 하늘을 보면 별이 보이지만, 눈을 감고 하늘을 보면 하나님 나라가 보인다."

강영우 박사는 육신의 눈이 멀었기에 오히려 매일 하나님을 봤을지도 모릅니다. 그렇기에 그는 죽을 때까지 하나님을 향한 어린아이 같은 순수한 믿음을 소유할 수 있었는지도 모릅니다. 부족함은 더 큰 것을 보는 눈을 열어 주니까요.

수천 곡의 찬송가를 지은 화니 제인 크로스비(F. J. Crossby) 여사에게 누군가 이런 질문을 던졌습니다.

"크로스비 여사님, 만일 하나님이 당신의 눈을 뜨게 해 주신다면 무엇을 보고 싶으세요?"

크로스비 여사는 이렇게 대답했죠.

"저는 주님이 제 눈을 뜨게 해 주신다고 해도 거절할 것입니다. 천국에 가면 어차피 시각장애인이 없을 텐데, 제가 눈을 뜨고 제일 먼저 보는 얼굴이 우리 예수님이었으면 좋겠어요. 그때까지 제 눈을 간직하고 싶어요."

크로스비 여사는 날마다 주님을 보면서 사는 사람이었습니다. 그녀는 이런 찬송가를 지어서 불렀습니다.

"주 안에 기쁨 누림으로 마음의 풍랑이 잔잔하니 세상과 나는 간 곳 없고 구속한 주만 보이도다"(새찬송가 288장).

그녀는 육신의 눈으로 볼 수 없는, 구원하신 예수님을 날마다 영의 눈으로 보면서 살았습니다. 신체의 부족함은 다른 모든 신체감각을 살아나게 해서 주님께로 이끄는 힘을 갖고 있습니다.

포레스트
검프처럼

하나님이 감춰 두신 보물은 우리가 포기해 버린 그 속에도 엄연히 존재합니다. 단지 한 번도 하나님을 위해 사용해 보지 않았기 때문에 그것이 보물인지 모르고 있을 뿐이죠. 더 크고 좋은 것을 구하여 얻으려고 하기 전에, 이미 주신 것을 사용하는 것이 훨씬 더 중요함을 기억해야 합니다.

저는 같은 영화를 두 번 보지 않습니다. 그런 제가 수차례 반복해서 본 영화가 있는데, 바로 톰 행크스(Tom Hanks)가 주연한 〈포레스트 검프〉(Forrest Gump)입니다.

포레스트는 지적 장애와 신체적 장애를 함께 갖고 태어났습니다. 의족 없이는 걸을 수 없는 몸으로 학교에 입학했고, 혼자 외톨이가 될 뻔했죠. 그런데 제니라는 마음씨 착한 여자아이가 그의 친구가 되어 줍니다. 포레스트는 제니의 말이라면 무엇이든 듣고 따랐죠.

고등학생이 되고 어느 날 하굣길에, 포레스트는 동네의 짓궂은 녀석들이 몰고 나온 트럭에 쫓기게 됩니다. 뒤뚱거리면서 도망가 봤지만 트럭으로 쫓아오는 속력을 따돌릴 수는 없었죠. 그 순간 저 멀리 보리수나무 아래에서 책을 읽던 제니가 그 모습을 보고 이렇게 외쳤습니다.

"포레스트! 달려! 그냥 무조건 달려!"

제니의 말이라면 무조건 따랐던 포레스트는 자신이 달릴 수 없는 사람이라는 것을 잊어버리고 무작정 달리기 시작합니다. 그 순간 평생을 감싸고 있던 의족이 풀어지면서 달리게 됩니다. 얼마나 빨리 달렸던지 트럭도 쫓아오지 못합니다. 그의 가장 큰 약점 속에 가장 큰 강점이 숨어 있었던 것입니다. 포레스트는 마침내 그의 가장 약점이었던 다리 속에 감춰진 보물을 발견합니다. 약점이 강점이 되는 순간이죠.

그는 발견한 그 보물을 다시 묻어 두지 않았습니다. 어디든 달려서 갔습니다. 어느 날 자기 앞에 우연히 날아온 미식축구 공을 붙잡고 달렸더니 터치다운이 되어 대학 미식축구 팀에 스카우트됩니다. 그리고 최고의 선수상을 받습니다. 그 다음에는 베트남전쟁에 참전해서 폭격을 맞은 부대원을 빠른 달음박질로 모두 구해 내 국가로부터 훈장을 받습니다.

포레스트는 걸을 수 없는 자신의 약점 속에 깊이 숨어 있던 보물을 발견한 것입니다. 그 한 가지 보물을 사용함으로써 누구도 할 수 없는 많은 일들을 해낸 것입니다. 우리의 마음속에 인간미 넘치는 영웅이 된것이죠.

저는 목회하면서 포레스트 검프 같은 수많은 사람들을 만났습니다. 안타깝게도 평생을 운명 앞에 무릎 꿇고 절뚝이면서 살아가는 사람들이 있는가 하면, 그 약점을 오히려 장점으로 사용하는 사람들도 있죠.

나이키 신발을 신은 사람과 짝퉁인 나이스 신발을 신은 사람이 달리면 누가 이길까요? 최고의 인체 공학으로 만든 나이키를 신은 사람이 아니라, 짝퉁인 나이스를 신은 사람이 이긴다고 합니다. 이유는, 비싼 신발을 신은 사람은 다른 사람에게 자랑하느라고 상표가 보이도록 느리게 뛰는데, 반면에 짝퉁 신발을 신은 사람은 누가 볼까 봐 부끄러워서 발에 불이 나도록 달리기 때문이죠. 부족함이 오히려 장점으로 선용된 경우죠.

비슷한 경우가 제게도 있습니다. 저는 초등학교 때 육상 선수였습니다. 가을 운동회에서 언제나 1등으로 골인 했죠. 그렇다고 다른 친구들보다 키가 크거나 몸이 날렵하지도 않았습니다. 이유는 한 가지입니다. 제 무릎에 꽤 큰 점이 하나 있는데, 평소 긴바지를 입고 다니면 아무도 모릅니다. 하지만 가을 운동회에서는 짧은 바지를 입고 달려야 했습니다. 그 점이 남들에게 보이는 것이 무엇보다 싫었던 저는 혹시라도 누가 그 점을 볼까 봐 최대한 빨리 달려서 결승 지점에 도달한 것이죠. 점이라는 부끄러운 신체적 특징이 더 빨리 달리게 만들었고, 그 결과 항상 풍성한 공책과 연필을 보상으로 받았습니다.

숨기고 싶은 집안 내력, 유난히 약한 체력, 가리고 싶은 신체적인 핸디캡, 부끄러운 학력 등 이 모든 것들은 오히려 우리를 더 빨리 달리게 만드는 나이스 신발이 될 수 있습니다. 성경속에는 나이키 신발을 신고 1등 한 사람들의 이야기보다, 나이스 신발을 신고 1등 한 사람들의 이야기가 가득하다는 것을 기억해야 합니다.

> "큰 물결 일어나 나 쉬지 못하나 이 풍랑으로 인하여 더 빨리 갑니다"(새찬송가 373장).

살림의
재발견

한국의 스티븐 호킹(Stephen Hawking)이라고 불리는, 서울대학교 지구환경과학부의 이상묵 교수는 매우 신체 건강한 사람이었습니다. 2006년 7월 2일, 그는 서울대학교 지질학과 석·박사

과정의 학생들을 이끌고 미국의 데스 밸리(Death Valley) 사막으로 지질 조사를 하러 가던 중에 운전하던 차가 전복되어 의식을 잃게 됩니다. 심폐소생술과 함께 급하게 병원으로 이송된 이상묵 교수에게 들려온 소식은 전신마비장애 판정이었습니다. 불과 40분 만에 전신마비장애인이 된 것입니다. 하지만 절망도 잠시, 그는 그 전신마비장애의 불행을 훌훌 털고 일어납니다. 몸이 나았다는 말이 아닙니다. 장애가 그를 무너뜨리지 못했다는 것입니다.

그는 장애인이 된 후 이런 말을 남겼습니다.

"장애는 나쁜 것도, 불행한 것도 아닙니다. 오히려 제가 장애인이 되기 전까지는 몰랐던 것을 장애인이 되고 나서야 알게 됐습니다. 장애는 새로운 것을 발견하는 계기가 되었습니다."

그는 장애 때문에 장애인들의 고충을 알게 됐고, 그들을 도울 수 있는 수많은 장치들을 개발하게 됩니다. 움직이지 못하는 사람들이 타고 다니는 전동 휠체어, 입으로 움직이는 컴퓨터 마우스, 볼의 근육으로 움직이게 만드는 휠체어 등 그를 통해 장애인들을 돕는 기계를 많이 만들게 된 것입니다.

이상묵 교수의 고백처럼 장애인이 되지 않고서는 장애인들의 필요를 알 수 없듯이, 우리가 낮아지지 않고서는 낮은 곳에 감춰진 보물을 발견할 수 없습니다. 예수님이 하늘에서 우리

에게 올라오라고 하지 않으시고, 친히 이 땅에 내려오신 이유
는 내려와야만 보이는 것들이 있기 때문입니다. 부재와 결핍
이 새로운 눈을 열어 주기 때문입니다.

저는 적어도 우리 집안에 대해서는 모든 것을 안다고 생각
했습니다. 내가 길렀으니 두 아이들에 대해서는 말할 것도 없
고, 어디에 양말이 있는지, 어디에 세탁기가 있는지, 언제 밥을
먹고 주 메뉴는 무엇인지, 몇 시에 일어나고 몇 시에 잠드는지,
생활 습관까지 모두 알고 있다고 생각했습니다. 정기적으로
받아 오는 아이들의 성적표 점수는 어느 정도인지, 무슨 과
목에 강하고 무슨 과목에 취약한지도 알고 있다고 생각했습
니다. 아내가 한국 방문차 한 달간 집을 비우기 전까지는 말
이죠.

아내가 떠나고 난 집에 남은 사람은 저와 중학교 졸업반인
딸과 이제 중학생이 된 아들이었습니다. 아내가 떠난 그날 밤,
우리 집에는 한바탕 축제가 열렸습니다. 밥 대신 피자를 시켜
먹고, 아들과 딸은 텔레비전을 보고, 저는 음악과 함께 책을 읽
었죠. 최고의 밤이었습니다. 딱 하루 동안 말이죠.

저는 아내가 없는 한 달 동안 내가 안다고 했던 것들이 우리
집안에서 일어나는 것들 중 10분의 1도 되지 않는다는 것을 알
게 되었습니다. 하룻밤의 즐거움을 끝으로, 아내가 없는 한 달

은 너무나 길고 힘들었습니다. 수많은 숨은 일들이 고개를 내밀었고, 저를 괴롭혔습니다. 아내 한 사람의 부재 때문에 숨어 있던 수백 가지의 일거리를 발견하게 됐죠. 그 일거리는 아내가 섬긴 수고의 증거였습니다.

세탁기를 15년째 사용하고 있었기에 무슨 색인지, 무슨 상표인지는 알았지만 정작 작동법은 모른다는 것을 발견했습니다. 매일 아침저녁으로 식사 완료되었다고 친절하게 알려주는, 4년째 사용하는 밥솥에서 나오는 음성 기능은 너무 친근한데, 정작 밥하는 방법은 몰랐죠. 아이들이 피아노를 배우는 것은 알았지만, 무슨 요일에 배우는지는 몰랐습니다. 강아지의 발톱을 깎는 법을 몰라서 반갑다고 기어오를 때마다 몸에 상처를 입어야만 했습니다. 부재는 또 다른 발견이라는 격언을 확실하게 체험한 기간이었습니다.

더불어 아내의 부재로 제게 결코 놓쳐서는 안 될 가장 중요한 사실 몇 가지를 발견했습니다.

첫째, 아내의 수고를 발견했습니다. 다시 말해서 살림의 중요성을 발견한 것이죠. 끝도 없는 빨래와 설거지는 사람을 지치게 하더군요. '살림'이란 '살린다'는 말의 명사형입니다. 아내가 우리를 살리기 위해 얼마나 열심히 살림에 힘썼는지를 알게 됐습니다. 콩나물시루 같은 우리의 일상에 아내가 얼마나 많은, 보이지 않는 물을 줬는지를 새삼 알게 되었습니다.

둘째, 아이들의 장점과 단점이 보이기 시작했습니다. 살림의 막중한 책임을 지고, 바쁜 목회에서 속도를 늦추고 아이들을 바라보노라니 장점과 단점이 뚜렷이 보이기 시작했죠. 장난기 많은 6학년 아들에게 야단만 치던 저는 잠들려고 누워 있는 아들의 침대에 기도해 주려고 갔다가 놀라움을 금치 못했습니다. 침대 옆에 다음 날 입고 갈 옷을 점퍼에서부터 속옷까지 차례대로 정렬해 놓고, 가방과 간식까지 가지런히 놓아 둔 것입니다. 그리고 아침 6시 30분에 깨우지 않았는데도 스스로 일어나서 세수하고 학교 갈 준비를 하는 것을 보고 놀라움을 금치 못했습니다. 아내가 있었다면, 준비성과 책임감이라는 아들의 장점을 끝까지 보지 못했을지도 모릅니다.

셋째, 가장 중요한 발견인데, 바로 아내의 소중함입니다. 그때까지 아내를 향한 나의 바람이 모두 욕심이었다는 것을 알게 됐습니다. 그냥 옆에 있어 주는 그 존재감만으로도 충분히 고마워해야 함을 깨달았습니다. 아내의 부재는 수많은 불편함을 만들어 냈지만, 가장 소중한 것을 발견하는 시간이기도 했습니다.

이처럼 결핍과 부족함은 불편함을 넘어 소중한 것을 발견하게 만드는 신비한 능력을 갖고 있습니다. 우리에게 너무나 익숙한 것이라 지나쳤던 모든 것이 고마움으로 다가오게 되죠. 부족함은 새로운 것을 볼 수 있는 눈을 열어 줍니다. 배고프면 모든 음식이 맛있게 보이듯, 부족함과 결핍 속에서는 모든 것이 소중한 것으로 부상합니다. 하나님은 우리가 그 소중한 것들을 그냥 지나치고 살아가기를 결코 원하지 않으십니다. 그래서 우리를 자주 부족하게 만드시는 것이죠. 이런 소중한 것들을 놓치지 말고 살아가라고, 하나님은 우리의 다리를 걸어서 넘어지게 해서라도 반드시 그것들을 보게 만드십니다.

한참 달리던 도로에서 자동차 기름이 떨어져 차가 멈췄다면, 기름을 사러 달려가기 전에 멈춰 선 곳을 바라보는 여유를 가져야 합니다. 이목을 집중하다 보면, 10년을 달린 길인데도 보지 못했던 것들이 새롭게 보이기 시작할 것입니다. 봄이 오고 가을이 오는 들녘이 비로소 눈에 들어오고, 얼음이 녹아 흐르는 개울물의 재잘거리는 소리가 들릴 것입니다. 바람에 흔들리는 코스모스가 손끝을 간지럽히고, 익어 가는 과일 냄새가 코끝을 자극할 것입니다. 문구점 앞에서 까르르 웃는 아이들의 웃음소리, 친구를 부르는 새들의 지저귐 같은 생명의 소리가 들릴 것입니다. 그렇게 만물 속에서 말씀하시고 역사하시는 하나님의 음성을 듣고 있다 보면, 어느새 주유소까지 걸어갈 힘도 생기는 것입니다.

하란으로 달려가다가 멈춰 선 벧엘에서 한 야곱의 고백이 우리의 고백이 되어야 할 것입니다.

"여호와께서 과연 여기 계시거늘 내가 알지 못하였도다"
(창 28:16).

부족함은 자신을 돌아보게 만드는 힘이 있습니다.
강점이 많으면 약점에 소홀하게 됩니다.
강점을 신뢰하기 때문입니다.

2

부족함이
우리를
살린다

부족하다고 불평하기 전에 가벼운 것은 아닌지 돌아봐야 합니다. 가볍다면 충분히 가진 것입니다. 더 갖지 않아도 됩니다. 채우실 하나님을 믿고, 성경의 약속을 의지하고 오늘 길을 나서는 사람의 짐은 가볍습니다. 하나님을 신뢰하는 크기와 내 짐의 분량은 반비례하기 때문입니다.

세상은 강한 자가 살아남는다고 가르칩니다. 약육강식의 세계는 세렝게티 초원에서만 일어나는 것이 아닙니다. 아이들의 교실에서, 회사에서 그리고 우리가 사는 모든 곳에서 날마다 일어나고 있습니다. 철학자 플라톤은 철인정치를 주장했고, 히틀러는 나치의 우월성을 세계만방에 알리고자 했습니다. 힘이 있어야 살아남는 세상에서 오히려 힘이 없어서 살아남는 이야기가 가능할까요? 정답은 가능하다는 것입니다.

우스갯소리지만, 평생 이에게 깨물리고 산 연약한 혀지만, 살아가는 동안 이가 빠지는 사람은 있어도 혀가 빠지는 사람은 없습니다. 돈이 많아서 매일 최고급 우유를 마시는 사람보다 돈이 없어서 날마다 그 우유를 배달해야 하는 사람이 더 건강하다는 말도 있죠. 가졌다고, 강하다고 항상 살아남는 것은 아닙니다. 오히려 약함이 강함이 될 때가 있습니다.

텍사스 주는 조금만 외곽으로 나가면 사막이 펼쳐져 있습니다. 그곳에서는 선인장을 쉽게 발견할 수 있습니다. 비가 오지 않는 건조한 땅에서 선인장은 비에 의존하는 법을 일찍이 포기했죠. 대신 뿌리를 깊이 내리는 법을 배웠습니다. 물이 있는 땅속까지 뿌리를 내리죠. 바위를 뚫고 수맥을 더듬어 찾습니다. 때로는 자신의 키보다 수십 배는 더 길게 뿌리를 내리기도 합니다. 그리고 가뭄과 상관없이 365일 흐르는 수맥에 몸이 닿을 때, 선인장은 비로소 꽃을 피웁니다.

이처럼 부족함은 생명의 근육을 만들어 냅니다. 사막의 선인장은 뽑히지도, 바람에 흔들리지도 않습니다. 세찬 모래바람과 토네이도의 공격에도 끄떡없는 기개를 자랑하며, 오늘도 사막에 당당히 서 있습니다. 부족함이 그들을 살려 낸 것입니다.

우주에서
살아남는 법

만일 우주선을 타고 달나라를 여행하고 돌아오는 길에 기계 고장이 일어난다면 어떻게 할 것 같나요? 실제로 이런 일이 일어났습니다. 무무 작가가 쓴《오늘, 뺄셈》(예담)이라는 책에 이런 실화가 소개되어 있습니다.

미 항공우주국에서 1970년 4월 11일에 세 번째 달 착륙을 목표로 우주선을 쏘아 올렸습니다. 그런데 32만 1,860km까지 날아오른 아폴로 13호에 두 개의 산소통 중 하나가 폭발하는 사고가 일어납니다. 더 큰 문제는, 나머지 산소통 하나도 폭발의 위험성에 놓이게 되었다는 것입니다. 갑자기 통신이 두절되고 산소의 부족을 겪게 된 이 우주선이 엿새 뒤에 극적으로 무사생환해서 전 세계인들을 놀라게 했습니다. 더욱 놀라운 것은 그들이 그 위기 가운데서도 무사히 귀환을 하기까지 처음부터 끝까지 모든 작동을 수동 조작으로 이루어 냈다는 것입니다. 어떻게 이런 일이 가능했을까요?

무사생환한 우주인은 인터뷰에서 당시 상황을 이렇게 밝혔습니다.

"우주선 기체는 이미 작동이 불가능할 정도로 망가져 있었습니다. 우리는 결단을 해야만 했지요."

그들은 미 항공우주국의 규정과 지시를 어기고 우주선의 모든 불을 꺼 버렸습니다. 이것은 우주국 규정상 철저하게 금지하는 것이었지만, 그들은 그 선택을 내릴 수밖에 없었습니다. 그런데 불이 꺼지자 놀라운 기적이 일어났습니다.

불을 끄는 순간 희미하게 보이던 지구가 선명하게 보이기 시작한 것이었습니다. 그리고 태평양 바다에서 비치는 형광 빛 해초 군락이 보이기 시작했던 것입니다. 우주선 안이 깜깜할수록 어디가 땅인지, 어디가 바다인지가 분명히 보이며, 심지어 바다 어느 곳이 안전한 착륙지인지까지 선명하게 보였던 것입니다. 그 때문에 그들은 수동 조작으로 그곳에 안전하게 착륙할 수 있었고, 전원 무사할 수 있었던 것입니다.

만일 그들이 자신들을 비추는 빛을 끄지 않았다면, 정작 자신들이 봐야 할 빛을 보지 못했을 것입니다. 그런데 눈앞의 빛을 끄자 그들의 목숨을 구하는 빛이 눈에 들어온 것이죠.

저는 우리의 삶에도 이런 지혜가 필요하다고 생각합니다. 우리의 삶에서 소원했던 빛이 희미하게 꺼져 갈 때, 우리는 쉽게 포기하고 좌절합니다. 내 주변을 환하게 밝혀 주던 사람들의 기대와 도움의 불빛들이 하나둘씩 꺼져 가고 내 삶에 어둠이 찾아올 때, 모든 것이 끝난 것처럼 심한 우울증이나 극도의 불안감에 휩싸일 때가 있습니다. 그러나 그러한 불이 꺼져야만 비로소 보이는 불이 있습니다. 내 주변이 너무 밝으면 보이지 않는 불이 있습니다. 내 삶이 어두워질수록 오히려 더 밝게 빛나는, 나를 살리는 불이 내 눈에 들어올 때가 있습니다. 우리가 그 불을 보라고, 하나님이 우리 주변의 불을 끄시는 것입니다.

모세는 40세에 사람을 죽여서 40년 동안 광야에서 도망자로 살아야 했습니다. 40년의 광야 생활 동안 그는 장인 이드로의 양을 치면서 시내 산과 네게브 사막 일대를 모두 돌아다녔습니다.

제가 사는 텍사스 주에서 비행기를 타고 캘리포니아 주로 가려면 뉴멕시코 주와 애리조나 주와 네바다 주로 이어진 광활한 모하비 사막 위를 지나게 됩니다. 그때 흔히 볼 수 있는 풍경이 있는데, 건조한 날씨 때문에 생기는 산불입니다. 아무도 불을 피운 사람이 없지만, 스스로 불이 나서 사막의 선인장과 덤불을 태우는 것을 심심치 않게 하늘에서 보게 됩니다. 이런 광경은 사막이나 광야에서는 아주 흔한 일이라고 합니다.

모세는 40년간 사막과 광야를 헤매는 동안 덤불에서 타는 불을 수없이 봤을 것입니다. 이것은 적어도 틀림없는 사실입니다. 그러나 그의 눈에는 단 한 번도 그 불이 제대로 보인 적이 없었던 것 같습니다. 80세가 되기 전까지 모세는 자신의 힘으로 그 환경을 넘어서 보려고 힘썼을 것입니다. 다시 말해서, 자신이 켜 놓은 이런저런 가능성의 불이 타오르고 있었기 때문에 하나님이 피워 놓으신 불이 보이지 않았을 것입니다.

그러다 80세 노인으로 접어들면서 그의 주변에 켜져 있던 불빛들이 소리 없이 하나하나 꺼져 갔을 것입니다. 다리에 힘이 빠지고, 되돌아가리라는 실낱같은 희망의 불도 꺼지고, 언덕을 오를 때마다 숨이 턱밑까지 차오르면서 건강의 불도 꺼져 가고, 부족한 것 투성이가 되었을 때 드디어 덤불에 타고 있는 하나님의 불이 눈에 들어온 것입니다. 어쩌면 그 불은 오래 전부터 모세 앞에서 타고 있었는지도 모릅니다. 우주선 안의 불이 너무 환해서 태평양의 불빛이 보이지 않았던 것처럼, 모세가 생각했던 가능성의 불들이 하나님의 불을 보는 눈을 가리고 있었는지도 모릅니다.

그렇게 모세 옆에는 40년 동안 여기저기에서 하나님이 피우신 불이 타고 있었지만, 자신이 피운 불 때문에 보이지 않았습니다. 그런데 그 불이 모두 꺼지자 하나님의 불이 환하게 그의 앞에서 타올랐습니다. 그 불을 보는 순간 모세는 하나님을 만날 수 있었고, 하나님께 쓰임 받을 수 있었습니다.

우주에서 지구로 추락하는 것 같은, 인생의 추락을 경험할 때가 있습니다. 속수무책으로 주변의 불들이 꺼져 가는 순간이 있죠. 그 순간 당황하지 말아야 합니다. 눈을 들고 꺼지지 않는 하나님의 불이 어디 있는지를 살펴야 합니다. 그곳만 바라보고, 우리 인생의 우주선을 조정해야 합니다. 하나님은 모세 앞에 타고 있는 덤불처럼 저마다의 인생 앞에 타는 불꽃을 밝혀 놓으셨습니다. 그것을 볼 때까지 하나님은 우리 주변에 너무 밝아진 불들을 의도적으로 하나하나 끄실지도 모릅니다. 그러나 좌절할 필요는 없습니다. 그 불은 꺼져야 하니까요. 그 불이 꺼져야 우리를 살리시는 하나님의 불을 볼 수 있으니까요.

사막에서 살아남는 법

사하라 사막은 남극과 북극 다음으로 지구에서 세 번째로 넓은 땅입니다. 아프리카 북부의 940만 km^2에 달하는 넓이를 자랑하는 광활한 모래사막입니다. 만일 자동차로 사하라 사막을 종단하다가 사막 한가운데의 모래 늪에 자동차가 빠져서 앞으로도, 뒤로도 가지 못하게 되었다면 어떻게 할 것 같나요?

《사막을 건너는 여섯 가지 방법》(김영사)을 쓴 스티브 도나휴(Steve Donahue)가 바로 그 주인공입니다. 그는 자동차로 사하라 사막을 여행하다가 자동차가 프슈프슈(le feche-feche)라는 무시무시한 모래사막에 빠지는 위기를 경험합니다. 십중팔구 죽을 수밖에 없는 상황에서 그는 놀랍게도 살아났고, 그 차로 사막을 건너게 됩니다. 그 후 그 경험을 살려서 《사막을 건너는 여섯 가지 방법》이라는, 중요한 원칙이 담긴 책을 썼죠.

도나휴는 이 책에서 차가 사막의 모래 늪에 빠질 때 대처하는 요령을 가르쳐 주는데, 그 방법이 무척 간단합니다. 대부분의 사람들은 그 순간에 엑셀을 힘차게 밟거나 지렛대로 차를 들어서 빠져나가려고 합니다. 그러나 그럴수록 차는 더 깊이 모래 속으로 빠져 들어갑니다. 그 순간에 할 수 있는 가장 간단하고도 효과적인 방법은, 바로 타이어에 바람을 빼는 것입니다. 타이어에서 바람을 빼는 순간 바닥과의 마찰력이 생기고, 자동차가 힘을 받아서 그 위기를 모면할 수 있다는 것입니다. 상식적으로 생각하면 타이어에 공기를 더 넣어서 팽팽하고 튼튼하게 만들어야 할 것 같지만(실제로 많은 사람들이 이 방법을 사용하지만), 오히려 그 팽팽한 공기가 더 깊이 빠지게 만드는 원인이 된다는 것입니다.

우리의 인생에도 사막에 빠지는 일들을 만날 때가 있습니다. 문제에서 헤어 나오려고 발버둥 칠수록 문제가 더 복잡해지고 꼬이는 때가 있습니다. 누군가 조금만 도와주면 금세 벗어날 수 있을 것 같은데, 오히려 그 사람이 나를 더 힘들게 만들어 버리는 일들도 있죠. 타이어 공기가 조금만 더 있어 준다면 문제없이 빠져나갈 수 있을 것 같은데, 그 공기 한 움큼이 없어서 인생이 모래사막에 멈춰 있는 것 같은 아쉬움을 느낄 때가 있습니다.

그런데 그 타이어 속에 남아 있는 소량의 공기가 오히려 더 큰 문제를 만들어 내는 주범이라는 것을 생각하지 않습니다. 작은 희망이 하나님을 향한 희망을 방해할 때가 많습니다. 남아 있는 공기마저 빼야 살아남을 수 있다는 지혜를 배워야 합니다.

유학 와서 공부할 때의 일입니다. 저는 댈러스에 있는 사우스웨스턴 신학교에서 공부를 마치고 목회를 시작했습니다. 그리고 목회하면서 성경 강해로 유명한 댈러스 신학교 대학원에 입학했습니다. 사우스웨스턴 신학교는 같은 교단에 속한 신학교여서 장학금 혜택이 많았습니다. 하지만 댈러스 신학교는 장학금 혜택을 받을 수 없어서 몇 배로 비싼 수업료를 지불해야만 했죠.

당장 코앞에 닥쳐 온 다음 학기 수업료를 지불할 방법이 없었습니다. 이미 지난 학기 수업료를 위해 5,000달러 이상의 빚을 지고 있는 상황에서 또 다른 5,000달러를 당장 구해야 했습니다. 은행 통장의 잔고를 확인해 보니 전 재산이 1,100달러 정도였습니다. 도무지 학비를 낼 수 있는 상황이 아니었죠.

아내와 이 문제로 상의했습니다. 아내가 교회 개척 때부터 지금까지 해 오는 기도 방법이 있는데, '클로젯'(closet) 기도라는 것입니다. 미국의 집은 방마다 클로젯이라는 붙박이 장이 있는데, 그 안은 좁지만 사람이 들어갈 수 있는 크기입니다. 아기가 어렸기 때문에 아내는 잠든 아기가 깰까 봐, 그 안에 들어가서 기도했는데, 그것이 습관이 됐죠.

아내는 학비 이야기를 듣고는 그 자리에서 일어나 장 안에 들어가 한참 기도했습니다. 그리고 저는 책상에 앉아서 기도했습니다. 기도를 마친 아내가 의미심장한 얼굴로 밖으로 나오더니 하나님께 응답받았다고 말했습니다. 그 응답은 하나님이 우리의 재정 문제를 틀림없이 채워 주실 것이라는 확신이었습니다.

사실 그만한 믿음은 제게도 있었습니다. 다만 그 방법이 궁금했죠. 아내가 하나님께 받았다고 하며 내세운 방법은 제 생각과 달랐습니다. 우리의 모든 재정을 하나님 앞에 먼저 드리는 것이라고 했습니다. 돈이 부족해서 학비를 구하는 기도를 드렸는데, 하나님은 돈은 주시지 않고 오히려 있는 돈 마저 달라고 하시는 것이었습니다. 바람 빠진 타이어에 공기를 주입시켜 주시지 않고, 있던 공기마저 빼라고 하시는 것이었습니다.

그런데 그 이야기를 듣자 제 마음속에 큰 기쁨이 찾아왔습니다. 지금까지 남아 있는 돈 때문에 하나님을 온전히 의지하지 못했음을 알게 된 것이죠. 이 돈으로 분납하든지, 아니면 다른 방법을 쓰려고 머리를 굴리고 있었던 것입니다. 그런데 하나님은 우리 가정의 온전한 기도를 받기 원하셨습니다. 그 온전한 기도가 나오게 하려고 우리의 작은 희망을 거둬 가신 것이죠. 저는 그 자리에서 은행으로 달려가 남아 있는 돈을 모두 찾아서 그 다음 주일 헌금으로 냈습니다. 사막에 갇힌 우리 가정의 남아 있는 타이어의 바람을 모두 뺀 것입니다.

얼마 후 자주 듣는 기적 같은 간증이 우리 가정에도 일어났습니다. 얼마 지나지 않아 하나님은 우리 가정을 사막에서 멋지게 벗어나게 해 주셨습니다. 학비 문제뿐 아니라, 부채 문제까지 모두 해결해 주셨죠. 희미하게 깜빡이던, 내가 켜 놓은 불을 꺼 버렸더니 하나님이 비추고 계신 불이 환하게 보인 것입니다.

창세기 32장에 나오는 얍복 강가의 이야기를 읽으면 참 재미있는 사실을 발견하게 됩니다. 바로 야곱이 멈춰 선 것입니다. 평생을 달린 야곱이 얍복 강가에서는 한 걸음도 걷지 않고 멈춰 섭니다. 멈춰 섰기 때문에 하나님을 만날 수 있었죠. 그런데 하나님을 만나기는 했지만, 야곱에게는 아직도 완전히 꺼지지 않은 희미한 등불이 깜빡이고 있었습니다. 아직도 얼마간의 빠지지 않은 공기가 야곱 안에 남아 있었던 것이죠. 그 공기는 무엇일까요? 그것은 야곱의 가장 큰 장기인, 달음박질 잘하는 두 다리였습니다.

성경을 가만히 읽어 보면, 그날 밤 야곱은 자신의 재산인 육축을 강 너머로 먼저 보냅니다. 그리고 걸음이 느린 여자들과 아이들을 강을 건너게 하고 혼자 남습니다. 이윽고 야곱은 기도를 시작하고, 주의 천사가 나타나서 그의 기도 앞에 대면하게 되죠. 야곱의 입에서는 나를 축복하기 전에는 절대로 놓지 않겠다는 사생결단의 기도가 나오지만, 아무래도 석연치 않은 부분이 있습니다. 아침이 밝아 오는데도 무슨 일인지 주의 천사가 야곱의 간절한 기도에 응답하지 않는 것입니다. 분명 하나님이 보시기에 야곱의 기도에 석연치 않은 어떤 문제가 있었던 것입니다.

야곱의 기도를 상상해 보면, 아마 이런 기도를 밤새도록 하지 않았을까요?

"하나님 저의 형 에서가 저를 죽이려고 쫓아옵니다. 하나님이 저를 도와주셔야 합니다. 만일 하나님이 도와주시지 않으면, 제게도 방법이 있습니다. 이미 걸음 느린 모든 육축과 가족은 강을 건넜으니 버틸 때까지 버티다가 응답을 안 해 주시면 마지막 순간, 이 두 발로 줄행랑을 칠 것입니다."

야곱에게는 아직도 꺼지지 않은 희미한 등불, 바로 두 다리를 의지하는 마음이 있었던 것입니다. 이 희미한 희망의 두 다리가 그의 기도의 간절함을 방해하고 있었던 것이죠. 배수진을 치는 기도, 사생결단하지 않는 기도는 응답되지 않습니다.

그때 주의 천사가 새벽에 이르러, 그의 기도가 변하지 않자 야곱이 믿었던 다리를 치고 절뚝거리게 만듭니다. 그 순간 자신이 믿었던 두 다리의 등불이 꺼지게 되죠. 그나마 남아 있던 공기 한 움큼이 빠져 버리는 순간을 만나게 된 것입니다. 그때부터 야곱의 기도는 완전히 새로운 기도로 바뀝니다. 이제는 정말 하나님이 도와주시지 않으면 죽은 목숨이라는 것을 알게 된 것이죠. 야곱의 기도는 그제야 하나님이 원하시는 수준의 간절한 기도가 된 것입니다.

하나님은 야곱에게 더 빨리 달릴 수 있는 두 다리의 힘을 주시지 않았습니다. 달릴 수 있는 마지막 가능성인 두 다리를 치심으로 오히려 하나님을 환하게 볼 수 있는 눈을 열어 주셨습니다. 야곱은 '브니엘,' 즉 하나님의 얼굴을 대면하여 보는 복을 누리게 된 것입니다.

엘리야가 850명의 바알 선지자와 아세라 선지자를 상대로 전쟁을 벌입니다. 갈멜 산 위에 제단을 쌓고, 누가 하늘에서 불을 내려 주는지를 보고 어느 신이 진짜 신인지를 밝혀내기로 합니다. 850명의 바알 선지자와 아세라 선지자는 아침부터 저녁까지 그들의 신에게 부르짖었지만 묵묵부답이었습니다. 드디어 엘리야의 차례가 되었습니다.

3년 반 동안 비가 오지 않았기에 온 천지가 바싹 메말랐습니다. 하늘에서 불이 내려오지 않는다고 해도 엘리야에게는 나름대로의 방법이 있었을지도 모릅니다. 몰래 주머니에 감춰 둔 부싯돌로 대충 긋기만 해도 3년 반 동안 메마른 나무에 불이 쉽게 붙을 수도 있었을 것입니다. 그러나 엘리야의 믿음에는 '만약'이라는 단어가 없었습니다. 그는 오히려 12통의 물을 가져와서 그 제단에 부어 버립니다. 그 물은 제단을 흠뻑 적셨고, 제단 주위에 파 놓은 고랑에도 차고 넘쳤습니다. 이제 하나님이 불을 내려 주시지 않고 제단에 불이 붙을 확률은 0%입니다.

엘리야는 어떤 순간에 자신의 기도가 가장 간절해지는지를 누구보다 잘 알았던 사람이었습니다. 단 1%의 가능성만 남아 있어도 금세 그 1%를 의지하게 될 것을 알았습니다. 그래서 그는 인간의 가능성을 0%로 만든 후, 하나님을 100% 의지하는 간절한 기도를 올린 것입니다. 하늘에서 불이 내려온 것은 어쩌면 당연한 일인지도 모릅니다.

하나님은 가끔씩 우리가 붙잡고 살아가는 하나님 외의 가능성에 물을 부어 버리기를 원하십니다. 약간의 만족과 약간의 남아 있는 희망이 하나님을 의지하는 것을 방해하는 경우가 있습니다. 하나님이 우리의 기도를 더욱 간절하게 만들기 위해 남아 있는 것 모두를 요구하실 때가 있습니다. 우리 인생의 사막을 건너기 위해서는 그 방법밖에 없기 때문이죠.

그래서 때로는 의도적으로 자신을 부족함의 환경으로 내모는 것이 필요합니다. 사하라 사막 같은 인생을 무사히 건너기를 원한다면, 지금 당장 남아 있는 타이어에 바람을 빼기를 바랍니다.

교통사고에서
살아남는 법

험한 세상을 살아갈 때 우리에게 필요한 것은 힘입니다. 우리가 기도하는 제목 중 가장 많은 제목이 살아갈 힘을 달라는 것입니다. 복음성가 가사에 가장 많이 등장하는 내용도 "힘을 내세요"일 것입니다. 우리가 살아가기 위해 가장 필요한 것 중 하나가 바로 힘입니다. 그리고 하나님은 우리에게 그 힘을 주시는 분입니다. 그런데 힘이 없어도 문제지만, 힘이 넘쳐서 위험할 때도 있다는 사실을 기억해야 합니다.

엘리자베스 퀴블러 로스(Elizabeth Kubler Ross)가 쓴 책《인생수업》(이레)을 보면, 한 여인의 이야기가 나옵니다. 캘리포니아에서 한 여인이 대형 사고에서 살아난 이야기입니다.

운전을 하고 가던 여인이 교통 신호등 앞에서 멈춰 섰습니다. 그런데 백미러를 통해 보니 뒤에 오는 차는 아무것도 인식하지 못하고 계속해서 빠르게 달려왔습니다. 신호등을 보지 못한 것입니다. 차의 충돌을 감지한 여인은 다른 방법을 찾지 못했습니다. 그래서 그 순간 몸에 힘을 빼고 운전대에서 손을 떼고, 잠자듯 눈을 감은 채 죽음을 기다렸습니다. 예상대로 달려오던 차는 그녀의 차를 박았고, 그녀는 의식을 잃어버렸습니다.

그런데 한참 뒤에 눈을 떴을 때 그녀는 죽지 않았습니다. 오히려 아무 데도 다친 곳이 없었죠. 그녀 앞 차에 있던 사람은 그녀의 차에 부딪혀 중상을 입었지만, 직접적으로 부딪힌 그녀는 무사했습니다. 이유는 다름 아니라, 힘을 뺐기 때문입니다. 만일 살기 위해 힘을 줬더라면 근육의 경련으로 심각한 상해를 입었을 텐데, 힘을 뺀 것 때문에 근육이 이완되어 상황에 순응할 수 있었죠.

인생은 힘이 있어야 살기도 하지만, 힘을 빼야 살 수도 있다는 것을 기억하기 바랍니다. 힘이 넘치는 것도 큰 복이지만, 힘이 모자라는 것도 복이 될 수 있습니다. 우리의 모든 것이 차고 넘쳐나 만족한 상태에서 살 수도 있지만, 때로는 부족한 상황이 우리를 살리기도 합니다. 솔로몬은 만족이 그의 인생을 망쳐 놓았지만, 욥은 부족했기에 끝까지 하나님을 붙잡고 승리하게 되었음을 간과해서는 안 됩니다.

저는 여러 번 수영을 배우려고 노력했지만, 번번이 다리에 쥐가 나서 실패했습니다. 다리에 쥐가 나는 이유는, 단 한 가지입니다. 물속에서 힘을 너무 많이 주기 때문입니다. 물에서는 힘을 빼야 살 수 있습니다. 힘을 주면 쥐가 나서 강의 한가운데서 죽고 맙니다. 힘을 빼고 강물에 자신을 온전히 맡기는 사람만이 강을 건널 수 있습니다.

　우리가 인생의 강을 건널 때 살아날 수 있도록, 하나님이 힘을 주시는 것이 아니라 힘을 빼게 하실 때가 있습니다. 우리가 그렇게 철야 기도를 하면서 "힘을 달라"고 해도 하나님이 힘을 주시지 않는 이유가 바로 여기에 있습니다. 힘이 필요한 사람이 힘을 달라고 기도하면 하나님은 힘을 주실 것입니다. 하지만 힘을 빼야 할 사람이 힘을 달라고 기도하면 하나님은 절대로 응답해 주시지 않습니다. 오히려 그 힘이 다 빠질 때까지 침묵하고 기다리십니다.

　우리는 어떤 일을 할 때 실패가 두려워서 과다한 힘으로 집중할 때가 있습니다. 도무지 여유라고는 찾아볼 수가 없습니다. 힘이 너무 많이 들어가 있고, 경직되어 있죠. 하나님은 이런 사람에게는 절대로 힘을 주시지 않습니다. 힘이 빠질 때까지 기다리십니다. 하나님은 힘이 빠지면 응답하지 않아도 저절로 해결되는 것들이 많다는 것을 누구보다 잘 알고 계십니다.

　몇 해 전, 우리 가족은 여름휴가로 콜로라도 주에 있는 두랑고에 다녀왔습니다. 미국 속의 스위스라는 별명을 가진, 미국에서 가장 아름다운 절경을 자랑하는 곳입니다. 우리 교회 집사님의 별장에서 보낸 일주일은 평생 잊을 수 없는 추억이 됐습니다. 등산, 낚시, 래프팅 등 다양한 놀이를 즐겼죠.

특히 그곳에서 아들과 함께 말을 타고 로키 산맥을 산책할 기회가 있었습니다. 인도자를 따라서 말들이 줄을 서고, 저는 큰 말을 배정받고 아들은 작은 말을 배정받았습니다. 준비해 간 카우보이모자를 쓰고, 그럴듯한 신발과 청바지로 중무장했죠. 더불어 저는 어린 아들을 함께 이끌고 가야 한다는 책임감으로 똘똘 뭉쳐 있었습니다. 아들이 말에서 떨어질까 봐 이런저런 안전 지침을 알려 줬습니다. 말고삐를 잡는 것부터 왼쪽, 오른쪽으로 움직이게 하는 방법까지 자세히 가르쳐 줬죠. 그런데 문제는 그 다음이었습니다.

모두 말이 앞으로 나가는데 제가 탄 말만 한 발짝도 움직이지 않는 것이었습니다. 아무리 말고삐로 엉덩이를 때려도 말은 비웃기라도 하듯 콧바람만 내뿜으면서 그 자리에 가만히 서 있었습니다. 힘을 다해 두 발로 배를 차니 열 걸음쯤 나가다가 이내 그 자리에 서서 꿈쩍도 하지 않았습니다. 반면에 제가 그렇게 안전 지침을 알려 주며 가르쳤던 아들이 탄 말은 총총걸음으로 달리다시피 앞으로 나가고 있었죠. 한참을 가던 아들이 뒤를 돌아보면서 제게 던진 말은 평생 잊을 수 없을 것입니다.

"아빠, 뭐해! 빨리 와. 말 탈 줄 몰라?"

우리를 인도하던 카우보이가 맨 뒤로 말을 몰고 달려오더니 제게 지시를 내렸습니다. 그 지시는 딱 한 가지였습니다.

"신사 양반, 힘 빼세요. 그리고 말에게 몸을 맡기세요."

그리고 그 다음 말이 가관이었죠.

"당신 아들처럼 말이죠."

힘을 빼야 말이 달린다는 이 간단한 원리를 온갖 창피를 당하면서 배워야 했습니다. 힘을 빼야 강을 건널 수 있고, 힘을 빼야 앞으로 나갈 수 있습니다.

현대인들의 삶에는 너무 많은 긴장과 힘이 들어가 있습니다. 그래서 멈춰 서 있는 것들이 너무 많은 것 같습니다. 더 큰 문제는, 멈춰 섰다면 그때라도 힘을 빼야 하는데, 그 와중에 더 세게 힘을 주고 위기를 모면하려고 애쓴다는 것입니다. 그러니 도무지 인생이 앞으로 나가지 않는 것이죠.

자녀를 키우는 부모의 얼굴에도 힘이 너무 들어가 있습니다. 아침부터 저녁까지 온통 긴장감으로 똘똘 뭉쳐 있습니다. 그러니 자식이 앞으로 나가지 못하죠. 40점 받던 아이가 다음 시험에 90점을 받아 오면 아버지는 힘을 빼고 칭찬해 줘야 하는데, 정작 하는 말은 칭찬이 아닙니다.

"그래, 이제 다 왔어. 조금만 더 하면 100점이야. 알았지?"

그래서 그 아이가 열심히 해서 다음 시험에 100점을 받아 오면, 역시 칭찬하지 않습니다.

"방심하지 마. 이제부터가 중요해. 아빠는 방심하는 거 제일 싫어해. 지금부터야."

힘을 빼야 아이들이 숨을 쉴 수 있습니다. 숨을 쉬어야 아이들이 살 수 있습니다. 힘을 주고, 긴장하고 아이들을 보면 아이의 본래 모습이 보이지 않고, 내가 보고 싶은 아이의 모습만 보입니다. 하지만 힘을 빼고 아이들을 보면, 하나님이 지으신 아이들의 본래 모습이 보이게 됩니다. 아이들의 본모습이 보일 때 비로소 아이들의 인생은 앞으로 나갈 수 있습니다.

과유불급(過猶不及)! 넘침은 모자람만 못하다는 말입니다. 우리는 하나님 앞에 나와서 힘을 달라고 기도하기 전에 먼저 생각해 봐야 합니다. 힘이 너무 많아서 문제는 아닌지 말입니다. 나의 힘으로 살아 보려고 하는 알량한 힘이 빠지지 않는다면, 우리의 인생은 한 발도 앞으로 나가지 않을 것입니다.

남편과 아내를 향한 경직된 마음도 풀어야 합니다. 그래야 아내가 살고, 남편이 살고, 가정이 살 수 있습니다. 목회자가 성도를 너무 경직되게 대해서 늘 훈련 또 훈련으로 일관하고, 성도가 목회자를 향해 거룩 또 거룩을 요구할 때 교회는 멈춰서게 됩니다. 서로에 대한 긴장을 풀어야 합니다. 그래야 교회가 앞으로 나갈 수 있습니다.

아내와 남편도, 목회자와 성도도 가던 길에서 잠시 멈춰 서서 크게 심호흡을 하고, 남아 있는 불필요한 힘을 빼고, 가벼운 마음으로 걸어야 합니다. 내 힘이 완전히 빠져야 하나님의 힘이 들어올 공간이 생기기 때문입니다. 우리 삶의 현장을 향해 갖고 있던 힘들을 모두 빼는 순간, 하나님이 우리 속에서 일을 시작하실 것입니다. 힘이 없다고 좌절하지 말길 바랍니다. 오히려 힘이 없는 그 상태가 우리에게 축복이 될 수도 있음을 기억하길 바랍니다. 우리에게 필요한 것은 힘이 아니라, 힘(Him)이니까요.

가벼운
인생 여행

최초로 남극 탐험에 성공한 사람은 노르웨이 출신의 로얄 아문센(Roald Amundsen)입니다. 1910년, 같은 해에 남극 탐험에 도전한 사람이 있었는데 영국 군인 출신인 로버트 스콧(Robert Falcon Scott) 경입니다. 노르웨이 탐험대를 이끌던 아문센은 무사히 남극 탐험에 성공한 반면, 스콧이 이끄는 영국 탐험대는 전원 사망했습니다. 여러 가지 이유가 있었겠지만, 그중 가장 큰 것은 준비물의 차이였습니다. 아문센 원정대는 남극 탐험에 꼭 필요한 것만 골라서 여행을 떠난 반면, 스콧 탐험대는 고장 나면 움직일 수 없는 모터 썰매를 포함해 지나치게 불필요한 준비물을 많이 갖고 떠났습니다. 승패의 이유를 여기서 찾을 수 있습니다. 아문센의 가벼운 짐이 그의 생명을 살린 것이죠.

인생 여행은 남극 탐험보다 더 길고 험하고 변수가 많습니다. 그렇다면 적어도 남극 탐험보다는 더 철저히 준비해서 여행을 떠나야 할 것입니다. 인생 여행을 떠날 때도 아문센 남극 탐험대의 지혜가 필요합니다. 꼭 필요한 것 외에는 더 욕심을 내지 않고 가볍게 떠나는 마음이 가장 중요한 여행의 준비물입니다. 그 가벼움이 우리의 생명을 살리게 될지도 모릅니다.

이민 와서 사는 사람들의 공통적인 바람이 있다면, 큰 집에서 사는 것입니다. 남의 나라에 와서 소수민족으로 살아야 하는 서러움 때문에 내 집을 갖는다는 것은 한국에서 집을 갖는 것 이상의 의미가 있습니다. 그래서 돈을 벌고 가장 먼저 하는 일이 집을 사는 것이고, 더 큰 돈을 벌면 가장 먼저 하는 일이 더 큰 집으로 이사하는 것입니다. 가끔씩 성도의 가정을 방문해 보면 세 식구가 살기에는 메아리가 울릴 정도로 큰 집에서 사는 분들이 있습니다.

그러나 분명한 사실은, 행복의 크기가 집의 크기처럼 커지지는 않는다는 것입니다. 그들이 갖고 있는 것은 집이 아니라 짐이라는 것을 깨닫는 데는 오랜 시간이 걸리지 않습니다.

목회를 하다 보면 힘들다고 찾아와서 상담하는 성도들이 있는데, 의외로 큰 부자들이 많습니다. 또 성도의 헌금 액수와 그들이 사는 집의 크기는 절대로 정비례하지 않습니다. 힘들다고 울면서 상담하는 사람들을 보면, 지나치게 큰 집을 사서 유지하기가 힘들다는 내용과 크게 사업을 벌여서 돌려 막기 때문에 하루하루 불안해서 살 수 없다는 내용이 대부분입니다. 짐이 너무 커져 버린 것입니다. 가벼워야 살 텐데, 이미 너무 무거워져 버린 인생이 너무 많습니다.

반면, 늘 감사를 고백하고 행복을 간증하는 사람들의 대부분은 최소한의 것으로 살아가는 사람들입니다. 많이 지출될 것도 없기 때문에 물질에 대한 염려가 적고, 규모 있게 살아가기에 드릴 헌금도 오히려 넉넉하죠.

풍족함이 결코 더 큰 헌신을 만들어 내는 것이 아닙니다. 집이 커지면 짐도 커지죠. 가진 것이 많아지면 걱정거리도 많아집니다. 가볍게 인생 여행을 떠나고 싶은 사람은 잠언 정거장에 들러서 15시 16분에 떠나는 티켓을 구매해야 합니다.

"가산이 적어도 여호와를 경외하는 것이 크게 부하고 번뇌하는 것보다 나으니라"(잠 15:16).

저는 비교적 자주 여행을 하는 편에 속합니다. 집회 때문에 미국의 많은 주와 한국의 이곳저곳을 다니죠. 그래도 목회를 시작하고 6년 동안 저는 두 번만 주일을 빠지고 교회를 지켰습니다. 6년이 지난 어느 날 한 교회에서 집회 요청이 들어왔습니다. 말하자면 처음 있는 부흥회 인도였습니다. 4일간 머물러야 하는 첫 번째 여행이었죠. 그런데 4일 여행에 40일 머물러도 끄떡없는 양의 옷을 챙겨 갔습니다. 신발도 세 켤레, 양복도 두 벌을 챙겼죠. 그 후 수년이 지난 지금 달라진 점이 있다면, 가벼워진 짐입니다. 여행하면서 발견한 것은, 내가 가져간 짐을 결코 다 사용하지 않는다는 것입니다.

여러 번의 여행을 통해 터득한 짐을 줄이는 방법이 있습니다. 가능하면 색이 비슷한 양복과 평상복을 챙겨서 신발은 구두 하나면 되게 합니다. 양복을 바꿔 입는 대신 몇 개의 넥타이를 준비해 색깔을 바꿔서 다른 느낌을 주게 합니다. 양말과 속옷은 이틀 입을 것만 챙겨서 숙소에서 빨아서 입습니다. 책은 성경을 중심으로 읽고, 다른 책은 가능하면 챙기지 않습니다. 혹시나 발생할 수 있는 사태는 현지에서 조달하고 확실한 것만 챙깁니다. 어느새 나의 짐은 무척이나 가벼워졌고, 여행은 가벼워진 만큼 즐거워졌습니다. 여행의 필수 원칙은, 가볍게 떠나라(Travel light)는 것입니다.

인생 여행도 마찬가지입니다. 사람들은 너무 많은 짐을 챙겨서 떠나려고 합니다. 100년도 못 다니는 여행에 천 년짜리 짐을 싸서 다니는 사람들이 많습니다. 이런 사람들은 예수님 음성에 귀를 기울여야 합니다.

> "수고하고 무거운 짐 진 자들아 다 내게로 오라 내가 너희를 쉬게 하리라 … 이는 내 멍에는 쉽고 내 짐은 가벼움이라 하시니라"(마 11:28, 30).

예수님은 분명히 말씀하셨습니다.

"내 짐은 가벼움이라."

예수님은 가볍게 여행하신 분입니다. 가볍게 여행한다는 것은, 무엇이 필요하고 무엇이 필요하지 않은지를 정확히 아는 것입니다. 필요하지 않은 것에는 욕심을 내지 않는 것이죠. 부족하다고 불평하기 전에 가벼운 것은 아닌지 돌아봐야 합니다. 가볍다면 충분히 가진 것입니다. 더 갖지 않아도 됩니다. 더 필요한 것이 있다면 살다가 반드시 채워질 것입니다. 나중에 필요한 것을 오늘 짊어지고 갈 필요가 없습니다. 오늘부터 짊어지고 가야 할 것은 짐이 아니라, 이 말씀임을 명심해야 합니다.

"나의 하나님이 그리스도 예수 안에서 영광 가운데 그 풍성한 대로 너희 모든 쓸 것을 채우시리라"(빌 4:19).

채우실 하나님을 믿고, 성경의 약속을 의지하고 오늘 길을 나서는 사람의 짐은 가벼울 수밖에 없습니다. 하나님을 신뢰하면 내가 챙겨야 할 부담에서 자유로워지고, 그 분량도 줄어들게 됩니다. 하나님을 신뢰하는 크기와 내 짐의 분량은 정확히 반비례합니다. 결코 부족한 것이 아닙니다. 남들만큼 갖지 못했다고 모자란 것이 아닙니다. 필수품과 사치품을 구별할 줄 안다면, 여행을 떠날 자격을 갖춘 것이 분명합니다.

3

부 족 함 은
사 명 의
원 동 력 이 다

부족함은 그 자체로 사명이 될 수 있습니다. 많은 경우 부족함 때문에 누군가에
게 더 큰 위로와 용기를 줄 수 있습니다. 아픔이 없는 사람은 남의 아픔을 이해할
수 없습니다. 그렇기에 우리의 부족함은, 아픔은 사명을 키워 내고 기적을 만드
는 그릇인 것입니다.

해마다 연말이 되면 뉴스에 등장
하는 훈훈한 소식이 있습니다. 평생 노점에서 일하신 할머니
가 어느 대학교에 몇 억을 기부했다는 소식, 시장에서 생선을
팔아서 모은 전 재산을 기부했다는 소식은 우리의 메마른 가
슴을 감동시킵니다. 그 할머니들은 그렇게 어렵게 번 돈을 왜
자신을 위해 쓰지 않고 남을 위해 내놓으셨을까요?

이유는 간단합니다. 당신들이 그렇게 어렵게 살았기 때문입
니다. 어려운 사정을 누구보다 잘 알기에 어려운 사람들을 위
해 자신의 전 재산을 내놓을 수 있는 것입니다. 부족함은 사명
감의 원동력이 됩니다. 나의 부족함 때문에 다른 사람의 부족
함을 넉넉히 이해하는 넓은 품이 생기는 것입니다. 그러므로

부족함은 사명을 잉태하는 인큐베이터입니다.

오늘 나에게 부족한 것이 무엇인지 돌아보십시오. 그리고 그 순간에 느끼는 감정, 필요 그리고 상처가 무엇인지 꼼꼼히 기록해 두기를 바랍니다. 언젠가 나 같은 사람들을 도울 날이 반드시 올 것입니다. 부족함은 사명의 다른 얼굴이기 때문입니다.

말더듬이들의 반란

역사에 기억되는, 탁월한 연설이 있습니다. 흑인 인권운동가 마틴 루터 킹 주니어(Martin Luther King Jr.) 목사의 "나는 꿈이 있습니다"라는 연설, 버락 오바마(Barack Obama) 미국 대통령의 "우리는 할 수 있습니다"라는 연설, 스티브 잡스(Steve Jobs)가 스탠퍼드 대학교 졸업식에서 한 연설이 그렇습니다.

그중 가장 위대한 연설로 꼽는 것은 1941년, 영국 해로우 고등학교 졸업식에서 한 윈스턴 처칠(Winston L. S. Churchill)의 연설입니다. 2차 세계대전으로 인한 독일군과 연합군의 팽팽한 긴장 속에서 세계는 불안과 공포에 떨고 있었습니다. 영국의 젊은이들은 암담한 미래에 패배 의식이 팽배해져 있었습니다. 학교를 졸업하지만 내일을 장담할 수 없는 일촉즉발의 긴장 속에서, 처칠 수상은 졸업식 연설자로 초청받았습니다. 그것은 비단 한 고등학교의 졸업식 연설이 아니라, 전 세계의 언론이 주목하는 연설이며, 동시에 세상의 모든 젊은이들을 향한 연설이기에 그 어떤 연설보다 중요했죠.

단 위에 올라선 처칠은 회중을 바라보면서 잠시 침묵한 뒤 진중한 목소리로 이렇게 입을 열었습니다.

"젊은이들이여, 절대로 포기하지 마라. 절대로 포기하지 마라. 절대로 포기하지 마라."

그러고는 손가락으로 V를 만들어 보였습니다. 그것이 그의 연설의 전부였습니다. 그러나 이 짧은 연설은 그 어떤 연설보다 깊게 전 세계 젊은이들의 가슴에 각인됐습니다. 절대로 포기하지 않겠다는 불굴의 정신이 2차 세계대전을 마무리 짓게 하는 원동력이 된 것입니다.

여기서 말하고자 하는 것은 연설의 내용이 아니라, 연설을 한 처칠의 삶입니다. 역사 속에서 가장 영향력 있는 연설을 한 처칠은 어릴 적에 극심한 말더듬이었습니다. 그는 말 더듬는 것을 해결하기 위해 수많은 노력을 했고, 마침내 그것을 극복

했습니다. 탁월한 연설가가 되어 사람의 마음을 움직이는 리더가 됐습니다. 아니, 말을 더듬기 때문에 그렇게 짧은 연설을 할 수 있었고, 오히려 그 짧은 연설이 반세기 이상 사람들의 기억 속에 남아 있는 것이 아닐까요?

부족함은 사명감을 키우는 인큐베이터입니다. 처칠이 부족하지 않았다면 노력하지 않았을 것입니다. 그랬다면 실수는 하지 않았을지 몰라도 말 잘하는 평범한 사람으로 머물렀을지도 모릅니다.

말더듬이가 명연설가가 된 이야기는 처칠뿐 아니라 수없이 많습니다. 미국 GE의 CEO였던 잭 웰치(John Frances Welch Jr)도 탁월한 명연설가지만 어릴 적에는 심하게 말을 더듬었다고 합니다. 친구들에게 놀림 받고 기가 죽어 집에 들어오면, 그의 어머니는 잭에게 늘 용기를 북돋아 줬다고 합니다.

"잭, 넌 두뇌 회전이 너무 빨라서 입이 따라가지 못하는 거야."

"잭, 네가 말하는 데 어려움을 느끼는 건, 네가 말을 하는 사이에 다른 아이디어가 떠오르기 때문이야."

잭은 자신의 부족함 때문에 남들보다 더 노력할 수 있었고, 그 부족함이 어느새 강점으로 변해 있는 자신을 발견하게 됩니다. 그의 부족함은 오히려 많은 사람을 말로 이끌어야 하는 사명감의 인큐베이터였던 것입니다.

성경에서 말 때문에 가장 두려워하고 떨었던 사람은 다름 아닌 모세입니다. 하나님의 끈질긴 설득에도 불구하고 그를 끝까지 망설이게 만든 것은 그가 말을 잘 할 줄 모른다는 것이 었습니다. 그러나 말을 잘 못하는 것이 모세 자신에게는 문제가 될지 몰라도, 하나님께는 아무런 문제가 되지 않았습니다. 하나님 자신이 말씀하시는 하나님이기 때문이죠. 프랜시스 쉐퍼(Francis A. Schaeffer)의 말처럼, "하나님은 늘 거기에 계시고, 항상 말씀하시는 분"이기 때문입니다.

모세는 말을 잘 할 줄 모른다는 그 한 가지 단점 때문에 오히려 아론이라는 말 잘하는 동역자를 얻을 수 있었습니다. 하나님은 우리의 약점과 부족함을 메우기 위해 우리가 만날 수 없는 사람을 만나게 하시고, 우리가 얻을 수 없는 것을 얻게 하시고, 우리가 볼 수 없는 것을 보게 하십니다. 부족함은 오히려 하나님의 선물을 담는 바구니 같은 것입니다.

아픔은 사명감을 키웁니다. 우리의 부족함과 아픔이 우리의 사명이 될 것입니다. 우리의 부족함에 사명이 담긴다면 하나님은 우리를 놀랍게 사용하실 것입니다. 많은 가정을 치료하는 가정상담치유 사역자들을 보면 공통점이 있습니다. 모두 어릴 적에 역기능 가정에서 태어나 많은 아픔을 겪었다는 것입니다. 그 가정의 불화와 부족함이 그들의 사명이 되었고, 다시는 그런 가정이 생기지 않기 위해 자신의 인생을 가정치유 사역에 바치게 된 것입니다.

부족함을 방치하면 아픔이 되지만, 부족함에 사명을 담으면 놀랍게 쓰임 받을 수 있습니다. 실패는 성공의 어머니라는 말이 있습니다. 하지만 실패가 반드시 성공으로 이어지는 것은 아닙니다. 실패의 경험이 성공을 위해 중요한 교훈이 될 수는 있겠지만, 실패와 성공에는 아무런 함수관계가 없습니다. 하지만 실패 자체가 주는 유익은 반드시 있습니다. 실패는 버려야 할 과거의 아픈 추억이 아닙니다. 실패가 성공으로 바뀌지 않아도, 실패 그 자체의 경험이 인생에 주는 유익이 있습니다.

제게는 남과 나누기 창피한 경험이 있습니다. 저는 대학 다닐 때 운전면허 시험에 7번 떨어졌습니다. 그것도 필기시험만 7번 떨어졌습니다. 당시 교회 전도사가 되려면 기준이 분명한 소명감, 설교 능력, 신학적 소양이 아니었습니다. 1종 보통 운전면허와 기타 반주로 찬양 인도가 가능한가 하는 것이었습니다. 준비 찬송을 인도하고 교회 승합차를 몰아야 하기 때문이죠. 그래서 저는 비교적 이른 나이인 스무 살에 운전면허 시험을 보려고 마음먹었습니다.

저보다 먼저 필기시험을 보고 온 친구에게 시험에 대해 물어봤더니 닭 머리가 아니면 다 붙는다는, 안심되는 말을 해 줬습니다. 아무리 생각해 봐도 그 친구보다 제가 훨씬 똑똑한 것이 분명했기에 공부를 전혀 하지 않고 시험장에 갔습니다. 결과는 당연히 불합격이었습니다. 창피하고 당황한 나머지 그다음 시험은 꽤 열심히 준비하고 시험장에 갔습니다. 그런데 또 불합격했습니다. 나중에는 시험에 대한 두려움 때문에 고시 시험처럼 준비했는데도 원하는 점수 80점이 나오지 않았습니다.

그러는 중에 저는 실기 시험을 위해 학원을 계속 다니고 있었죠. 필기시험에 7번 떨어지고 8번째 볼 때는 시골 시험장이 쉽다는 말을 듣고 그곳으로 출장 가서 시험을 봤습니다. 영광스럽게도 80점 점수를 받고 시험에 합격했습니다. 그날의 감격은 20년이 넘도록 잊히지 않습니다.

그런 창피하고 쓰라린 실패의 경험이 제게 안겨 준 유익은 무엇일까요? 바로 23년 무사고입니다. 7번 공부하느라 누구보다 교통법규를 잘 알게 됐고, 그 기간 동안 실기 연습을 누구보다 열심히 했기 때문에 지금도 안전 운행은 저를 따라올 사람이 없습니다. 말을 더듬는 부족함과 아픔이 탁월한 연설가의 밑거름이 되듯, 저의 연속적인 실패는 저를 모범 운전자로 만들었습니다.

위대한 사도인 바울은 자신이 목양하는 성도들로부터 "글에

는 중하나 말에는 졸하다"는 놀림을 받았습니다. 학자들은 그
가 심하게 말을 더듬었을 것으로 추정하고 있습니다. 그는 그
부족함 때문에 말에 더욱 신경 쓰고 노력했을 것입니다. 사도
행전 16장부터는 바울이 가는 곳마다 사람들로 넘쳐 났고, 그
다음 주에는 더 많은 사람들이 몰려오는 역사가 일어났습니
다. 더불어 그의 말의 핸디캡으로 글쓰기 능력이 더욱 탁월해
진 것을 보게 됩니다. 그의 말의 부족함으로 글의 능력이 나타
났고, 나중에는 말에도 능력이 나타난 것입니다. 부족함은 사
명감을 키우는 인큐베이터임에 분명합니다.

가난해도
괜찮아

저는 1998년 4월에 결혼하고, 한 달 후에 아내와 함께 미국에
유학을 왔습니다. 1998년 5월은 IMF로 인해 환율이 가장 높을
때였습니다. 그나마 얼마 되지 않은, 모아 둔 유학 자금은 환율
때문에 절반이 되어 버렸고, 첫 학기 학비를 지불하고 방을 구
하고 났더니 통장에는 잔고가 남지 않았습니다. 몇 개월 동안

차 없이 자전거를 타고 살아야 했고, 덕분에 우리 부부는 유학생들로부터 빈폴 부부라는 별명을 얻게 되었습니다. 경제적인 어려움으로 미국 정부에서 발급하는 노동허가증을 받아 공부와 함께 일을 병행해야 했습니다.

그때부터 목회를 시작하기 전까지 저와 아내는 수많은 일을 해야 했습니다. 가장 먼저 학교 카페테리아에서 접시 닦이를 하고, 식당에서 청소를 했습니다. 그 다음으로 시작한 것은 학교 청소였습니다. 학교 청소는 그 후 3년 반 동안 계속 했습니다. 그 청소와 병행해서 페인트공, 아파트 매니저, 식당 웨이터, 도넛 배달부로 일했습니다. 아내는 식당, 도넛 가게, 미용잡화점 등에서 일했습니다. 부모님이 보내 주시는 학비로 일하지 않고 공부만 하는 유학생들을 보면서 상대적 좌절을 경험했습니다.

두세 가지 일을 하면서 고된 유학 생활을 하는 것은 결코 녹록하지 않습니다. 공부 때문에 일주일에 3-4일은 밤을 새야 했습니다. 밤에 책상에 앉아서 숙제와 공부를 하다가 창문 너머로 아침 햇살이 비춰 오는 모습을 보는 것은 너무도 흔한 일이었습니다. 수많은 아르바이트로 체력적인 한계를 느꼈고, 수업 시간마다 졸음과 싸워야 했습니다.

새벽 4시에 시작하는 도넛 배달은, 댈러스의 최고 우범지대인 흑인 밀집 지역에 있는 20개가 넘는 주유소에 전달해서 판매하는 일이었습니다. 새벽에 들리는 잦은 총성과 가끔씩 머리 위로 날아가는 총알 때문에 도넛 트레이를 끌어안고 주저앉아 벌벌 떨기도 했습니다. 식당에서 웨이터를 할 때는 주차장까지 줄을 서서 기다리는 손님들 때문에 잠시도 쉬지 못하고 서빙을 했습니다. 새 구두는 3개월만 지나면 신발 밑에 동전만한 구멍이 두세 개씩 생겨서 1년 동안 4켤레의 구두를 버려야 했습니다.

그렇게 공부하면서도 하나님이 무엇을 준비하고 계시는지 알지 못했습니다. 단지 우리 집이 가난해서 당연히 이렇게 해야 하는 정도로만 생각했고, 가끔씩 신세 한탄만 할 뿐이었죠. 그런데 대학원을 마치기 전에 시작한 목회에서 그 이유를 알 수 있었습니다. 목회 시작부터 지금까지 제가 성도들로부터 가장 많이 듣는 말이 있습니다.

"목사님은 우리 형편을 너무 잘 알고 이해해 주세요."

이런 평가를 받는 이유는 단 하나입니다. 제가 직접 그들처럼 살아 봤기 때문입니다. 저는 유학 기간 동안 댈러스의 이민자들의 삶과 그들의 생업을 거의 모두 섭렵한 것입니다. 그렇기 때문에 그들의 고민과 갈등과 힘든 점이 무엇인지 잘 알 뿐 아니라, 심지어 그들이 핑계를 대는지, 진실을 말하는지까지 알 수 있었습니다. 하나님은 제가 겪은 모든 경험을 하나도 빼지 않고 다 사용하셨습니다. 가난과 부족함 때문에 겪은 수많은 경험이 그 무엇과도 바꿀 수 없는 목회의 자산이 되었습니다. 하나님은 이것을 아시고 미리 나와 아내를 준비시키신 것입니다.

신유의 은사를 받은 분들을 보면 공통점이 있습니다. 본인들이 과거에 크게 아파 본 경험이 있거나, 현재도 심각한 고질병을 갖고 있다는 것입니다. 신유의 은사는 다른 곳에 있는 것이 아닙니다. 기도의 불변의 법칙은, 간절하면 응답된다는 것입니다. 아파 본 사람은 아픈 사람의 고통을 누구보다 잘 이해하기에 그 간절함을 따라올 사람이 없습니다. 지금 아픈 사람이 다른 아픈 사람을 위해 기도하는 간절함은 건강한 사람의 것과는 비교할 수 없습니다. 그 간절함이 치유를 만들어 내는 것입니다. 당신에게 육신의 아픔이 있다면, 하나님은 그 아픔으로 신유의 역사를 일으키실 수도 있을 것입니다.

건강해지면 주의 일을 하겠다고 기다리지 말기를 바랍니다. 아파도, 약해도 지금 이 순간에 쓰임 받을 수 있는 것이 반드시 있습니다. 가난하게 살았다면, 가난한 사람을 누구보다 잘 이해하고 도우라고 하나님이 주신 경험입니다.

두 자녀를 둔 목사가 아이를 낳지 못하는 성도를 아무리 위로해도 위로가 되지 않을 때가 있습니다. 그런데 우리 교회에는 아이가 없지만 완전히 극복하고, 영아부와 부모들을 섬기며 주의 일을 행복하게 하는 치과의사 부부가 있습니다. 그분들이 똑같은 아픔을 가진 사람들을 위로하면 목사에게서 받을 수 없는 위로를 받고 힘을 얻습니다.

아픔은 사명입니다. 부족함은 그 자체로 사명이 될 수 있음을 항상 기억해야 합니다. 많은 경우에 부족함 때문에 누군가에게 더 큰 위로와 용기를 줄 수 있다는 것을 기억하길 바랍니다.

예수님의 능력이 어디서부터 나온다고 생각하나요? 예수님의 능력은 신적인 능력뿐만 아니라, 인간적인 능력에서도 나오는 것임을 잊어서는 안 됩니다. 예수님을 만난 사람들이 모두 예수님께 매료되는 이유는 우리와 같은 인간적인 모습 때문입니다. 히브리서 4장 15절은 이렇게 말합니다.

"우리에게 있는 대제사장은 우리의 연약함을 동정하지 못하실 이가 아니요 모든 일에 우리와 똑같이 시험을 받으신 이로되 죄는 없으시니라."

예수님이 인간의 모든 약함과 부족함을 친히 경험하셨기 때문에 고통 받는 모든 사람들의 약함과 부족함을 이해하시고,

나아가 우리의 부족함을 친히 채워 주시는 것입니다. 이 진리를 깨우쳤다면 이제 이렇게 외쳐도 될 것입니다.

"가난해도 괜찮아! 부족해도 괜찮아!"

요셉
이야기

부족함이 사명의 밑거름으로 사용된 성경 인물 중 가장 대표적인 사람이 바로 요셉입니다. 요셉만큼 불행한 인생이 또 있을까요? 그는 인생 전체가 부족함의 연속이었습니다. 어릴 적부터 어머니가 없었습니다. 심각한 부족함이죠. 자라면서 형제들로부터 사랑을 받지 못했습니다. 형제애의 부족함 속에서 살았습니다. 아버지가 쏟아 준, 비뚤어진 사랑인 편애는 오히려 더 큰 아픔으로 다가왔습니다. 철이 들 무렵에는 형제들로부터 인신매매를 당하는 기가 막힌 상황에 부딪히게 됩니다.

요셉은 노예로 팔려 가 애굽의 군대 장관 보디발의 집에서 노예로 살게 됩니다. 자유의 부족함 속에서 살게 됩니다. 보디발의 신의를 얻고 가정의 총무까지 되지만, 보디발의 아내의 거짓말로 억울한 누명을 쓰고 감옥에 들어가 죄수가 됩니다. 완전한 자유의 박탈이었죠. 그러나 그의 성실함으로, 보디발의 집에서 그러했던 것처럼, 감옥 안에서도 감옥의 제반 사무를 맡는 책임자가 됩니다.

요셉은 감옥에서 두 사람을 만나게 되는데, 술 맡은 관원장과 떡 맡은 관원장입니다. 요셉은 그들의 꿈을 해석해 주면서 그곳에서 그들과 깊은 관계를 맺습니다. 나중에 술 맡은 관원장은 복직되고 떡 맡은 관원장은 사형당하면서 이야기는 끝나는 듯합니다. 요셉은 평생 감옥에서 부족함투성이로 인생을 마감할 수도 있었습니다.

하지만 하나님은 요셉의 모든 부족함의 경험을 사용하기로 결심하십니다. 그리고 바로의 꿈에 나타나셔서 앞으로 애굽에서 일어날 흉년과 풍년에 대한 징조를 보여 주시고, 요셉을 통해 그 꿈을 해석하게 하십니다. 요셉은 바로 앞에서 하나님이 주신 은사를 발휘하여 바로의 꿈을 멋지게 해석하죠. 그리고 총리대신이라는, 범인은 받을 수 없는 직책을 받게 됩니다.

하지만 문제는 여기서부터입니다. 요셉이 아무리 꿈을 잘 해석하는 사람이라고 할지라도 애굽이라는 대국을 경영하는 것은 전혀 다른 차원의 문제입니다. 그런데 요셉에게 그 직책이 맡겨진 것입니다. 굶어 죽어 가는 백성을 과연 어떻게 살릴 수 있을까요? 하나님이 요셉의 부족한 시절의 경험을 사용하셨다는 것을 간과해서는 안 됩니다.

요셉은 이미 총리대신의 수업을 알뜰하게 받은 사람이었습니다. 군대 장관인 보디발의 집에서 노예로 있으면서 가정 총무가 되어, 애굽 국방부의 모든 시스템과 경영 방법을 배웠습니다. 그리고 감옥에 와서는 당시 애굽의 내무부 장관에 해당하는 떡 맡은 관원장을 통해 애굽의 살림에 대해 배웠고, 외무부 장관에 해당하는 술 맡은 관원장을 통해 애굽이 상대하는 이웃 나라들과의 외교에 대해 치밀하게 배웠습니다. 요셉은 노예와 죄수로 있으면서 국방, 내무, 외무에 대한 모든 것을 섭렵할 수 있는 최고의 과외 수업을 하나님께로부터 받은 것입니다.

부족함의 상태는 하나님께 최고의 과외 수업을 받는 시간입니다. 절대로 신세 한탄이나 하고 있을 시간이 아닙니다. 그곳에서, 그 순간에 최선을 다해야 합니다. 요셉이 보디발의 집에서 가정 총무가 되기까지 성실했고, 감옥에서 보디발의 아내를 원망하는 대신 죄수로서 모범적인 삶을 살았기에, 총리대신이 되었을 때 그의 모든 순간이 빛을 발한 것입니다. 우리는 하나님이 비싼 값을 지불하고 시키시는 과외 수업에 성실히 임해야 합니다.

주인공 배우가 대본에서 외우기 어려운 대사를 임의로 빼

버리거나 자신이 원하는 대로 각색한다면 주인공이 바뀌거나 드라마가 조기 종영될 것입니다. 하나님이 우리 인생 가운데 쓰고 계시는 요셉 이야기 같은 드라마에 우리는 주인공으로 서 있습니다. 우리가 힘들다고 그 드라마를 각색하거나 중요한 역할을 빼 버리지 않고 성실하게 임한다면, 요셉 이야기는 요셉 한 사람의 영웅담으로 끝나지 않고 우리 이야기가 될 것입니다.

깨진 항아리의
사명

물을 길어 나르는 항아리가 있었습니다. 주인은 언제나 두 개의 물항아리를 물지게 양쪽에 걸어서 먼 길을 오갔습니다. 오고 가는 길에 주인은 이런저런 재미난 이야기를 항아리에게 들려줬습니다.

그런데 어느 날 항아리의 몸에 이상이 생겼습니다. 허리를 찌르는 듯한 통증이 있더니 왼쪽에 금이 가고 말았습니다. 주인이 열심히 물을 길어 항아리에 넘치게 담아도 집에 돌아와

보면 절반도 남아 있지 않았습니다. 그래도 주인은 아무렇지도 않은 듯 그 항아리를 계속 사용했습니다. 항아리에서 새어 나가는 물 때문에 무게중심이 잡히지 않아 늘 힘들게 그 먼 길을 뒤뚱뒤뚱하며 오고 갔지만, 주인의 얼굴에서는 불만이나 원망의 표정을 찾을 수 없었습니다.

어느 늦봄은 주인과 함께 물을 길으려고 가는 길에 그 깨진 항아리가 주인에게 부탁했습니다.

"주인님, 이제 저를 버리세요. 저는 깨진 항아리라서 힘들게 담은 물이 다 새어 나가 버리니, 아무 쓸모가 없잖아요."

그때 주인은 길가에 피어 있는 꽃들을 가리키며 이렇게 말했습니다.

"이 꽃길이 보이니? 이 꽃길이 너의 작품이란다."

"저의 작품이라뇨? 무슨 뜻인가요?"

"너의 깨진 허리춤에서 흘러나오는 물은 새어 나가는 것이 아니라, 꽃길에 물을 준 거란다. 너의 몸에 상처가 나던 그날 내가 길에 꽃씨를 심어 두었단다. 돌아오는 길에 네가 날마다 물을 주지 않았다면, 오늘 이렇게 아름다운 꽃길을 걷지 못했을 거야."

때로는 우리의 상처가, 눈물이, 남들보다 더 많이 흘리는 땀방울이 꽃길을 만들고 있는지도 모릅니다. 아니, 분명 꽃길을 만들고 있을 것입니다. 우리 몸에 상처가 생기는 날, 하나님은 우리 인생길에 꽃씨를 곱게곱게 뿌리고 계시는지도 모릅니다. 그리고 우리의 상처에서 흘러나오는 눈물 한 방울 한 방울로 꽃길을 준비하고 계시다가, 우리가 더 이상 힘들어 한 발짝도 옮길 수 없을 때, 우리 앞에 아름답게 피어 있는 꽃길을 보여 주실 것입니다.

"보이니? 이것이 너의 작품이란다."

"저의 작품이라뇨?"

"너의 아픔이 시작된 날, 난 너의 인생길에 꽃씨를 심었지. 넌 눈물을 흘린 게 아니라, 꽃길에 물을 준 거란다."

부족함은 사명을 키워 내는 엄마의 자궁 같은 것입니다. 그래서 바울은 갈라디아서에서 자신의 몸에 난 상처를 그토록 영광스럽게 생각하고 자랑했는지도 모릅니다. 그 상처(stigma)가 무엇이었든지, 오히려 그 상처는 '아무도 나를 괴롭게 하지 말라'는 요지부동의 믿음을 갖게 만들었습니다. 그리스도 앞에 자기 자신을 굳게 안착시키는 배의 닻 같은 것이 되었습니다.

만일 바울에게 그런 상처가 없었다면, 바울의 사역이 꽃길 같은 사역이 될 수 있었을까요? 아픈 사람들을 그냥 돌려보내지 않고 마지막 남은 손수건 한 장이라도 꺼내어 상처 위에 덮어 주는 그 진한 사랑의 마음도, 그 자신이 상처 입은 치유자였기에 가능했던 것입니다. 그 공감대 넘치는 사랑 앞에 어느 병이 견딜 수 있었을까요? 상처가 없는 사람은 상처를 이해할 수 없습니다. 그렇기에 바울의 상처는 기적을 만드는 항아리였던 것입니다.

4

부 족 함 은
소 통 을
열 어   준 다

우리의 부족함을 알고 계신 주님은 우리를 절대로 포기하지 않으십니다. 우리의
부족함의 코드를 갖고 세상과 소통하라고 말씀하십니다. 사람들의 아픔을 이해
하고, 그들의 부족함을 받아 주고, 그들과 소통하면서 주님 앞으로 인도하라고
말씀하십니다.

세상에 어떤 사람도 완벽한 사람
은 없습니다. 모두 음료수 이름처럼 2% 부족하게 살아가죠.
1997년, 한 음료 회사에서 "2% 부족할 때"라는 음료수를 출시
했는데, 그 반응이 실로 대단했습니다. 출시 다음 해에 음료수
매출로는 경이적인 숫자인 매출 1,650억 원을 올리며 그해 최
고의 히트 상품이 됐습니다. TV 광고의 내용도 모두 2% 부족
한 사랑과 사람들의 이야기로 가득했습니다.

이 음료수가 특별한 맛을 지니고 있지 않음에도 불구하고
왜 사람들의 인기를 독차지했을까요? 모두 자신의 이야기라고
생각했기 때문입니다. 그 음료수의 맛 자체도 주스도 아니고
물도 아닌 맛이었습니다. 주스라고 하기에는 2% 부족하고, 물

이라고 하기에도 2% 부족한 맛이었습니다. 그런데 그 부족함이 오히려 사람들의 시선을 집중시켰습니다. 물 마시고 싶은 사람도 찾고, 주스 마시고 싶은 사람도 찾는 음료수가 된 것입니다.

부족함은 오히려 사람들의 매력을 끄는 힘이 있습니다. 사람들과 소통하게 만드는, 말할 수 없는 신비가 그 속에 있습니다. 너무 완벽한 사람은 홀로 잘났을지는 몰라도 주위에 사람이 없습니다. 하지만 부족한 2%를 품고 살아가는 사람들은 이 땅 대다수의 2% 부족한 사람들과 소통하게 됩니다. 그래서 하나님은 우리를 2% 부족한 사람으로 만드셔서 이 땅 위에서 살게 하셨는지도 모릅니다. 많은 사람들과 어울려서 살라고 말이죠.

스타벅스
목양실

저는 특별한 일이 없는 한 매일 스타벅스에 들립니다. 아메리카노 한 잔을 시켜 놓고 그곳에서 성경을 읽고, 설교를 준비하며, 책을 읽습니다. 벌써 12년째 지속하는 습관입니다.

저는 보통 새벽 4시 30분에 잠에서 깨어납니다. 샤워하고

난 뒤 성경을 읽고, 한 시간 동안 새벽 설교 말씀을 묵상하고 준비합니다. 그리고 교회로 가서 새벽 예배를 30분 인도하고, 1시간 동안 기도합니다. 7시 30분이 되면, 2시간 30분의 성경 읽기와 기도를 마치죠. 그리고 곧바로 스타벅스로 차를 몰고 갑니다. 스타벅스에 도착하면 7시 40분 정도가 됩니다. 그곳에서 다시 한 시간 동안 성경을 읽습니다. 그리고 8시 40분부터 정오까지 요일별로 나눠서 설교 준비와 독서와 성경 공부 준비를 합니다. 정오가 되면 7시간의 기도, 성경 읽기, 독서를 마무리하게 됩니다. 점심을 먹고 나면 심방을 하거나, 목양실로 돌아와서 사역자들을 만나고 밀려 있는 행정 업무를 봅니다. 지난 12년 동안, 매일 7시간 이상의 기도, 말씀, 독서로 이어지는 반복되는 습관을 지속하고 있습니다.

이제 스타벅스에 들어가면, 주문하기도 전에 직원들이 알아서 톨(tall) 사이즈의 아메리카노를 만들고, 블루베리 머핀을 준비하여 제 이름을 부릅니다. 커피와 머핀으로 시작하는 하루는 꽤 근사합니다. 커피 한 잔 값만 있으면 하루 종일 앉아 있어도 괜찮습니다. 여름에는 에어컨이 있어서 시원하고, 겨울에는 난방이 잘 돼 있어서 따뜻하죠. 하루 종일 노트북을 써도 전기세를 낼 필요가 없는, 저의 전용 사무실입니다.

무엇보다 최고의 장점은 아무리 피곤해도 자거나 졸 수 없다는 것입니다. 사람들이 왕래하는 곳에서 잠잘 수는 없기 때문에 항상 깨어 있죠. 저는 하루 평균 4-5시간 잠을 자고, 낮잠은 거의 자지 않습니다. 그래서 늘 피곤하죠. 새벽 예배 후 집으로 가면 반드시 잠잘 것을 알기에 목양실이나 집으로 가지 않습니다. 이런 저의 아침 습관을 너무도 잘 아는 우리 성도들이 제게 가장 많이 하는 선물은 스타벅스 기프트 카드입니다. 지금도 제 카드에는 100달러 이상의 돈이 들어 있습니다.

그렇다면 제가 왜 이렇게 스타벅스를 매일 찾게 된 것일까요? 이유는 전혀 엉뚱한 데 있습니다. 목회를 시작할 때 목양실이 없었기 때문이죠. 주일 오후에 2시간만 미국 교회를 빌려서 썼기 때문에 설교를 준비하거나 성경을 읽을 수 있는 공간이 없었습니다. 그렇다고 따뜻한 침대가 기다리는 집으로는 갈 수 없었습니다. 그래서 새벽 예배를 마치면 곧장 가장 가까운 스타벅스로 달려갔죠. 처음에는 소음으로 집중이 잘 되지 않았지만, 습관의 힘이란 참으로 무섭습니다. 얼마간의 시간이 지나자 아무런 소리도 들리지 않고 오롯이 말씀에 집중할 수 있었고, 어느덧 4-5시간이 훌쩍 지나가기 일쑤였습니다.

목회자가 설교를 준비할 목양실이 없다는 것은 참 슬픈 일입니다. 하지만 지금 생각해 보면, 제게 목양실이 없었던 것은 불행한 일이 아니라 참으로 감사한 일이었습니다. 목양실의 부재가 제게 새로운 공간을 만들어 줬으니까요. 푹신한 소파가 기다리는 목양실 대신 딱딱한 의자가 있는 커피숍에서 보낸 지난 10년이 넘는 시간은, 말로는 다 할 수 없는 소중한 배움의 시간이었습니다.

부족함은 새로운 세상으로 길을 열어 줍니다. 부족함은 소통을 열어 줍니다. 목양실이 없어서 스타벅스로 내몰린 저는 그곳에서 수많은 사람들과 소통할 수 있었습니다. 지역 교회의 미국 목회자를 만난 횟수는 손으로 꼽을 수도 없을 정도입니다. 예수를 믿지 않고 골프에 빠진 백인과도 친구가 되었습니다. 남녀노소 수많은 사람들의 친구가 될 수 있었습니다. 복음을 전하기도 하고, 같은 그리스도인을 만나면 기도 제목을 나누고 그곳에서 함께 기도했습니다. 언젠가는 예언의 은사를 받았다는 사역자가 성큼성큼 걸어와서 듣기만 해도 가슴 벅찬 언어로 앞일을 이야기해 주고, 기도해 주고 떠나기도 했습니다. 백인 할아버지는 제가 보고 있는 성경책에 100달러짜리 지폐를 넣어 주고 종종걸음으로 사라지시기도 했습니다. 아침에 출근하는 우리 성도들을 만나 커피도 사 주고, 기도도 해 주면서 그들과 함께 하루를 즐겁게 출발하기도 합니다.

매일 새벽 예배 후 스타벅스로 향할 때마다 마음속에 기대감을 안고 갑니다. '오늘은 어떤 말씀을 주실까? 오늘은 어떤 사람을 만나게 하실까? 오늘은 어떤 소통이 이뤄질까?' 하루하루가 기대됩니다.

처음부터 목양실이 있었다면 저의 매력적인 아침 습관은 생기지 않았을 것입니다. '있음'으로 감사한 것이 아니라, '없음'으로 감사할 것이 있다면 제게는 바로 '목양실'이 그중 하나일 것입니다.

어느 아나운서의 이야기

사람은 완벽을 추구하지만 안타깝게도 완벽한 사람은 없습니다. 사람은 언제나 부족한 부분이 저마다 있죠. 부족한 사람은 부족한 사람에게 끌리게 돼 있습니다. 그것이 바로 소통입니다.

최근에 침미준(침례교 미래를 준비하는 모임)이라는 세미나에 참석한 적이 있습니다. 3일 동안 이어진 그 세미나의 주 강사는 대한민국 제1호 커뮤니케이션 박사인 김은성 KBS 아나운서였습니다. 그의 강의는 전문가답게 탁월했죠. 그런데 그가 그 어렵다는 TV 방송국 아나운서 시험에 합격하게 된 이야기가 너무 놀라웠습니다.

그렇게 기다리고 준비하고 사모하던 아나운서 시험 면접이 있는 날이었습니다. 그런데 치명적인 문제가 생겼습니다. 입이 돌아가는 구안와사에 걸린 것입니다. 아나운서의 생명이 말하는 것과 얼굴 표정인데, 얼굴이 한쪽으로 돌아가는 구안와사는 그야말로 치명적인 것이죠. 발음이 새고 표정이 일그러진 사람을 누가 뽑겠습니까. 하지만 그는 고민 끝에 면접을 강행하기로 결심합니다. 떨어질 것을 각오하고, 떨리는 마음으로 대기실에서 기다렸습니다. 드디어 그의 차례가 되어 면접실로 들어갔습니다.

그의 얼굴을 보고 3명의 면접관들이 모두 놀란 것은 너무나 당연한 일이었습니다. 당연히 면접관 대표는 얼굴에 대한 사연을 물었을 테고, 그는 구안와사에 대한 이야기를 설명했습니다. 그러자 면접관이 이렇게 물었다고 합니다.

"자네는 그 얼굴을 하고 어떻게 아나운서가 되려고 생각했나? 일시적인 현상이라고 해도 아나운서의 생명은 자기 관리인데, 자기 관리가 그렇게 소홀해서 얼굴이 돌아가게 했다면, 뉴스를 진행하다가 얼굴이 돌아가지 않는다는 보장을 어떻게 하겠나?"

이렇게 말하면서 불합격 판정을 내리려고 했습니다. 그러나 그는 물러서지 않고 자신의 의견을 당당하게 말했습니다.

"지금 일시적으로 얼굴이 돌아갔지만, 이 얼굴은 조금만 지나면 정상으로 돌아올 것입니다. 면접관님들도 인생에서 어려운 순간들이 있지 않았습니까? 그때 포기하셨더라면 오늘 이 자리에 있지 못했을 것입니다. 제가 얼굴이 돌아갔음에도 불구하고 이 자리까지 포기하지 않고 나아왔다면, 얼마나 사명감이 투철했으면 그랬겠습니까? 뽑아 주신다면 최선을 다하겠습니다."

나중에 김은성 아나운서가 들은 이야기에 의하면, 그 순간 면접관 중 가장 상관이었던, 가운데 앉아 있던 사람의 마음속에 잊힌 생각 하나가 떠올랐다고 합니다. 자신이 그 방송국에서 처음 입사 시험을 볼 때, 자신도 구안와사에 걸린 것이 생각난 것입니다. 자신이 겪은 고통과 합격했을 때의 기쁨, 그 후 어떤 마음으로 아나운서 직책을 감당했는지가 떠오르면서, 김은성 지원자를 보는데 꼭 자신의 옛날 모습을 보는 것 같은 측은한 마음이 들었다는 것입니다. 그 면접관은 그 젊은이의 당돌한 가능성을 보고, 입이 돌아갔음에도 불구하고 최고 점수를 줬다고 합니다. 옆에 있는 면접관들도 당연히 리더를 따라 최고 점수를 줬습니다. 결국 김은성 아나운서는 수석 합격을

하게 되었죠.

이처럼 우리의 부족함은, 때로 사람의 마음을 움직이는 소통의 놀라운 도구가 되기도 합니다. 입이 돌아간 사람이 아나운서 시험에서 수석 합격을 하는 것은 불가능한 일일 것입니다. 하지만 그 부족함과 연약함을 숨기지 않고 당당하게 나눴을 때, 그것이 오히려 사람의 마음을 움직이고 소통을 이뤄 내는 예상치 못한 결과를 만들어 낸 것입니다.

2% 부족한 사람에게 끌리는 이유는 나도 2% 부족한 사람이기 때문입니다. 우리의 부족함과 모자람은 어쩌면 세상의 부족함을 안고 살아가는 사람들과 소통하기에 가장 좋은 도구일지 모릅니다. 애써 숨기려고 할 필요가 없습니다. 그리스도 안에서 참자녀가 되었다면, 나의 부끄러움을 솔직하게 드러내서 사람들과 나눌 필요가 있습니다. 그때 놀라운 소통이 일어나서 같은 아픔을 가진 사람들이 나를 돕고자 나서게 될지도 모릅니다. 나의 부족함을 포장하여 그럴듯하게 보일 필요가 없습니다. 나의 모습 그대로가 가장 강한 힘을 지니고 있기 때문입니다.

다윗이 골리앗 앞에 서려고 할 때, 사울 왕이 자신의 갑옷을 다윗에게 입혀 주려고 합니다. 몇 번 입어 보기를 시도하던 다윗은 그 옷을 입지 않고, 그냥 자신이 입던 목동의 옷을 입고 나갑니다. 자신에게 맞지 않는 옷은 제아무리 잘 만든 최상품이라고 해도 싸우는 데 방해가 되는 것을 알았던 것입니다. 자기다움이 가장 강한 힘을 발휘하는 것을 어린 소년은 알고 있었습니다. 다윗은 자신의 몸을 두꺼운 갑옷으로 포장하지 않고, 자신의 모습 그대로 골리앗 앞에 서야 물맷돌을 자연스럽게 돌릴 수 있음을 알았습니다.

빈틈을 보이면 사람들이 얕잡아 본다는 이상한 경구에 속지 마십시오. 부족한 부분을 나누면 그 사람은 오히려 더 당당해질 수 있습니다. 또한 부족함을 안고 살아가는 수많은 사람들과 소통할 수 있습니다. 골리앗 같은 세상 앞에 부족함을 자연스럽게 노출할 때 오히려 자기다운 힘이 생깁니다. 그리고 자신만의 장기인 물맷돌이 자연스럽게 돌아가고, 전쟁에서 승리할 수 있습니다

만일 다윗이 사울 왕의 갑옷을 입고 나가서 싸워 골리앗을 이겼다면, 이스라엘 군사들은 이렇게 생각했을 것입니다. '사울 왕의 갑옷 때문에 다윗이 이겼을 거야. 나에게도 사울 왕의 갑옷같이 안전한 옷이 있다면 나가서 싸웠을 거야.' 아무도 사울 왕의 갑옷을 입혀 주기 전까지는 싸우려고 하지 않았을 것입니다. 그런데 다윗이 목동의 옷을 입고 나가서 골리앗을 이겼을 때, 이스라엘 군사들은 그 모습을 보고 자신들도 싸울 수

있다는 자신감을 얻었을 것입니다. 힘은 사울의 갑옷에서 나오는 것이 아니라 하나님으로부터 온다는 것을 자신들의 눈으로 봤기 때문이죠.

다윗은 양을 치다가 끌려온 대다수의 군사들처럼 목동 복장으로 나가서 골리앗과 싸우며, 이스라엘 군사들과 소통했습니다. 전쟁이 끝난 후 다윗이 백성에게 인기를 얻은 것은 전혀 이상한 일이 아닙니다. 다윗의 승리는 바로 자신들의 승리라고 여기는 소통이 이뤄진 것입니다.

사울 왕의 갑옷을 찾지 말고, 있는 모습 그대로 세상을 향해 나아갑시다. 우리의 부족한 모습 그대로가 세상을 바꾸는 가장 강력한 무기가 될 것입니다.

이 사람,
베드로를 보라

베드로에 대한 설교를 들을 때면 개인적으로 마음이 편안해집니다. 아니, 더 정확하게 말하면 그 설교를 즐기면서 듣습니다. 베드로라는 이름이 나를 긴장시킨 적은 단 한 번도 없습니다. 베드로의 이야기를 듣고 있으면 마음속에 있던 긴장마저 어느새 사라져 버립니다. 이유는 한 가지입니다. 그는 실수투성이의 열혈남아기 때문입니다. 철저한 구석도 없고, 범접할 수 없는 비범함이 있는 것도 아니고, 너무나도 인간적인 범인이기 때문이죠.

베드로에게는 치명적인 매력이 있습니다. 남성이 가진 치명적인 매력을 옴므파탈이라고 합니다. 적어도 제게 베드로는 옴므파탈의 전형입니다. 베드로를 생각하면 절로 웃음이 납니다. 베드로를 생각하면 왠지 자신감이 생깁니다. 예수님이 베드로를 포기하지 않으시고 계속 붙잡아 주셨다는 그 사실 한 가지만으로 제 마음은 언제나 다행스럽습니다. 지금도 설교하면서 "성경에서 실수를 제일 많이 한 사람이 누구인가요?" 하고 물으면, 성도들은 일제히 약속이라도 한 듯 "베드로요!"라고 대답할 것입니다. 그리고 얼굴에는 흐뭇한 미소가 가득하죠.

베드로의 실수를 나열하자면 지면이 부족할 정도입니다. 갈릴리에서 평생을 어부로 살아왔지만 자주 빈 그물만 올리는, 뭔가 어설픈 어부가 베드로입니다. 또 수제자라고 하기에는 뭔가 부족한 모습이 많습니다. 분위기 파악하는 센스는 아예 갖고 있지 않은 것 같습니다. 변화 산에서 내려가야 하는데 집 짓고 머물러 있자고 말하는가 하면, 세족식을 할 때 몸까지 씻

어 달라고 애원하기도 합니다. 칭찬을 듣는가 싶다가도 예수님으로부터 사탄이라는 말까지 들었던 베드로. 물 위를 걷는가 싶으면 이내 믿음이 없어서 물속에 빠져 들어가는 그에게서 우리는 우리 자신을 발견하게 됩니다. 죽어도 예수님을 부인하지 않겠다고 다짐한 지 하루가 지나기도 전에 3번이나 부인한, 너무나 인간적인 베드로가 바로 매일 연속되는 우리의 삶에서 재연되고 있는 것입니다.

베드로는 자신은 의도하지 않았지만, 소통의 대가였습니다. 그의 부족함으로, 세상에서 부족함을 느끼고 살아가는 모든 그리스도인과 소통하고 있는 것입니다. "여러분, 하나님이 베드로를 쓰셨다면 여러분도 쓰실 것입니다"라고 설교할 때 들려오는 성도들의 "아멘" 소리가 얼마나 큰지 모릅니다. 베드로는 우리의 희망입니다. 예수님이 만일 베드로를 포기하셨다면, 우리는 불안 가운데서 예수님을 믿어야 할 것입니다. 하지만 이런 부족함과 모자람으로 점철된 베드로의 인생을 포기하지 않으시고, 그를 추적하신 하나님의 열심 때문에 우리는 오늘도 다시 일어설 수 있는 힘을 얻을 수 있습니다.

베드로가 부족한 사람이었다는 이 단순한 사실이 우리에게 얼마나 큰 위로가 되는지 모릅니다. 부족해도 쓰임 받을 수 있다는 것이 베드로를 통해 분명하게 입증됐습니다. 저는 성경을 읽으면서 베드로의 약점이 발견될 때마다 신바람이 납니다. 그것은 베드로의 약점이 아니라, 제 안에 숨어 있는 약점이기 때문입니다. 베드로의 그런 약점을 예수님이 모르셨을 리 만무합니다. 아니, 이미 다 알고 부르셨던 것이 분명합니다. 그럼에도 불구하고 그를 사용하셨다는 것이 얼마나 감사한지 모릅니다.

우리 안에는 모두 베드로의 DNA가 숨어 있습니다. 매일 실수하고, 매일 넘어지기를 반복하죠. 경험도 일천하고, 지식도 변변치가 않습니다. 상황을 판단하는 센스마저 고장 나 있습니다. 주일마다 큰 소리로 주를 위해 살겠다고 다짐하면서도 월요일만 되면 벌써 주를 모른다고 부인하며 살아갑니다. 주일 설교 때마다 닭 울음소리 앞에 울었던 베드로처럼 눈물로 회개하지만, 며칠이 안 돼 갈릴리로 낙향해 고기를 잡던 베드로처럼 어느새 옛 사람의 모습으로 돌아가 있습니다.

그러나 이런 부족함을 알고 계신 우리 주님은 우리를 절대로 포기하지 않으십니다. 아니, 우리를 향해 말씀하시죠. 우리의 부족함의 코드를 갖고 세상의 또 다른 베드로들과 소통하라고요. 그들의 아픔을 이해하고, 그들의 부족함을 받아 주고, 그들과 소통하면서 주님 앞으로 인도하라고 말씀하십니다. 우리의 부족함을 방치해 두지 말아야 합니다. 소통의 도구로 사용해야 합니다. 베드로를 보면 마음이 편안해지듯, 우리는 누군가 우리를 볼 때 마음이 편안해지는 그런 베드로가 되어야 합니다.

5

부족함 속에
하나님의 능력이
숨어 있다

부족함은 하나님의 능력이 머무는 곳입니다. 예수님은 의인을 부르러 오신 것이 아니라 죄인을 부르러 오셨습니다. 건강한 자에게는 의원이 쓸데없습니다. 병든 자에게 의원이 필요하듯, 약한 것을 자랑하는 사람에게 예수님은 능력을 부어 주십니다.

예수님은 모든 사람을 똑같이 사랑하실까요? 아마 그러실 것입니다. 하지만 성경을 펴서 4복음서를 읽다 보면, 예수님은 편애하시는 분이라는 것을 금방 알 수 있습니다. 예수님은 분명히 사람들을 편애하십니다. 그런데 예수님의 편애는 부족한 사람들에게 집중되어 있습니다. 가난하여 먹을 것이 없는 사람, 몸이 아파서 기어갈 힘도 없는 사람, 태어날 때부터 앞을 보지 못하는 사람, 살이 썩어 들어가도 고통을 느끼지 못하는 나병 환자 같은 사람에게 예수님의 사랑은 집중되어 있습니다.

부족함은 예수님의 관심을 집중적으로 받을 수 있는 기회가 되기도 합니다. 예수님은 그런 부족함을 가슴에 품고 살아가

는 인생을 결코 지나치시는 법이 없습니다. 우리의 부족함은
하나님의 능력이 머무는 자리입니다.

순필 형제와
다윗 이야기

장애를 가진 자녀를 둔 부모의 마음은 어떨까요? 저는 우리 교
회의 두 가정을 보면서 많은 것을 배우게 됩니다.

순필 형제의 나이는 서른이고, 중증 자폐를 안고 살아가고
있습니다. 간단하게 고개를 끄덕이면서 인사하는 것 외에 다
른 의사 표현은 힘들어합니다. 손에는 수건이 묶여 있고, 마음
이 불편하거나 뜻대로 되지 않을 때는 벽에 머리를 심하게 박
기도 합니다. 그런 그를 30년 동안 키워야 했던 부모의 심정은
과연 어떨까요?

다윗은 초등학교에 다니는 잘생긴 아이입니다. 다윗도 역시
자폐 판정을 받았습니다. 부모가 주일에 교회에 와서 주로 하
는 일은 다윗을 찾으러 다니는 일입니다. 조금만 방심하면 강
대상 위에 올라가 있기도 하고, 위험한 곳으로 천진난만하게

달음박질치기 때문이죠. 다윗이 태어나서 얼마 되지 않았을 때, 다른 아이와 약간 다른 점을 발견했습니다. 부모가 아이를 병원에 데려가 테스트하고, 결국 자폐 판정을 받고 괴로워하는 모든 과정을 옆에서 지켜봤습니다.

부모는 아이가 목회자가 되기를 바라서 태어나자마자 아이 이름을 다윗이라고 지었습니다. 그런데 아이는 말보다는 울음과 행동으로 반응을 먼저 보이기 시작했고, 부모의 눈물과 아픔은 그와 동시에 시작됐습니다. 만일 우리에게 이런 아픔을 가진 자녀가 태어났다면, 우리의 반응은 과연 어떠했을까요?

놀랍게도 우리 교회에서 가장 신실하고 가장 열정적으로 주님을 사랑하고, 주님께 기도하고, 교회를 섬기는 분은 다름 아닌 순필 형제와 다윗의 부모님들입니다. 금요 성령집회 때 나와서 강대상 가까운 곳에서 가장 애절한 목소리로 눈물 흘리며 주님께 기도하는 분도 이 분들입니다. 모든 일에 하나님을 의지하고, 하나님께 모든 것을 맡기는 것도 다름 아닌 이 부모님들입니다.

하나님을 원망하는 말도 들어보지 못했고, 신세 한탄하는 것도 보지 못했습니다. 단지 그들이 아는 한 가지는, 하나님 없이는 살 수 없다는 것뿐입니다. "하나님이 계시다면 어떻게 우리에게 이런 일이 일어났느냐?"고 말하는 대신, "하나님이 계시지 않았다면 우리가 어떻게 이 고통을 이겨 낼 수 있을까?" 하며 오히려 감사하고 안도의 한숨을 내쉽니다. "이 풍랑으로 인하여 더 빨리 갑니다"라는 새찬송가 373장의 가사는 이분들에게 가장 어울리는 고백입니다. 그런 버거운 인생의 무게 앞에서 '하나님이 계신데 어떻게'가 아니라, '하나님이 계시기 때문에'라고 반응하는 것입니다.

언젠가 다윗 엄마가 다윗이 한참 힘들게 할 때 제게 했던 말을 잊을 수 없습니다.

"목사님, 제게 다윗이 없었다면 저는 하나님을 벌써 떠났을지도 몰라요. 다윗이 때문에 제가 하나님께 붙어 있을 수 있었어요."

본인들의 고백처럼 부족함 때문에 이 가정은 하나님을 떠나지 않았는지도 모릅니다. 다윗은 이 가정을 붙들어 주는 닻과 같은 역할을 했던 것입니다.

우리 교회에서 예수님의 가장 큰 관심을 받고 있는 가정이 있다면, 이분들의 가정일 것입니다. 예수님은 모두를 사랑하시지만, 부족함을 끌어안고 하나님 없이는 하루도 견디기 힘든 사람들에게 특히 더 많은 관심을 갖고 계십니다. 부족함 때문에 오늘도 부지런히 하나님을 찾고 있다면, 당신은 충분히 행복한 사람입니다.

댈러스 사람들이
교회 가는 이유

댈러스라는 도시는 미국 바이블 벨트의 가장 핵심에 있는 도시입니다. 미국의 유명한 메가 처치의 대부분이 포진해 있고, 유수한 신학교가 즐비해 있습니다. 미국 교회에서 성도가 천 명 넘으면 대형 교회에 속하지만, 댈러스에서는 성도가 3,000-4,000명이면 중형 교회에 속합니다. 몇 해 전 미국의 유명한 기독교 잡지 〈크리스처니티 투데이〉(Christianity Today)에 댈러스의 교회를 소개하는 기사가 실렸습니다. 그 잡지의 표지에는 이런 재미있는 글이 실렸습니다.

"다른 지역에서 하나님께 전화하려면 장거리 전화를 걸어야 하지만, 댈러스는 언제나 직통 전화입니다."

댈러스의 영적 분위기를 나타내는 유머죠.

그렇다면 댈러스에는 왜 이렇게 큰 교회가 많은 것일까요? 물론 한인의 수는 많지 않기 때문에 로스앤젤레스와 뉴욕에 있는 교회처럼 한인 대형 교회가 있는 것은 아닙니다. 하지만 전반적으로 성도들의 주일 출석률이 거의 일정하고, 영적으로도 안정돼 있습니다.

이렇게 주일이면 성도들이 교회에 성실하게 출석하고 교회를 즐겨 찾는 데는 중요한 이유가 하나 있습니다. 바로 교회 외에는 볼거리가 별로 없다는 것입니다. 댈러스는 텍사스 주에 위치해 있는 초원 지대입니다. 예전부터 텍사스 주는 소를 키우는 광활한 초원이 있었습니다. 카우보이로도 유명하죠. 볼거리를 찾아 산이나 바다로 가려면 4시간 이상 운전해야 합니다. 산이든 바다든, 주말에 다녀오기에는 너무 먼 거리에 있습니다. 그렇다고 가까운 곳에 유명한 관광지가 있는 것도 아닙니다. 그래서 주말이 되면 가장 재미있는 곳이 교회입니다. 예배가 있고, 만나고 싶은 사람들이 있고, 신나는 레크리에이션도 교회에 있습니다.

우리 세미한교회도 마찬가지입니다. 성도들의 주일 출석에 변동이 없습니다. 모두 교회에 잘 나옵니다. 댈러스는 볼거리의 부재 때문에 교회가 여전히 인기 있습니다. 물론 댈러스에는 전국에서 가장 많은 쇼핑몰이 있고, 가장 많은 식당도 있죠. 그런데 이것 역시 다른 볼거리가 없기 때문에 생긴 문화현상에 불과합니다.

저는 댈러스 주변에 변변한 볼거리가 없다는 것이 늘 감사합니다. 어쩌면 불평거리가 될 수 있겠지만, 제게는 너무 큰 감사 제목입니다. 주님이 너무 잘 보이기 때문이죠.

미국 서부에 위치한 시애틀은 천애의 자연환경을 자랑하는 곳입니다. 하지만 1년에 절반은 비가 오고, 절반은 맑은 날씨죠. 그곳에서 목회하는 한 목사님의 하소연을 들은 적이 있습니다.

"시애틀의 성도들은 비가 오면 비가 온다고 교회에 안 나오고, 맑으면 모처럼 맑다고 산으로, 들로 나가서 교회에 오지 않습니다."

볼거리가 많아도 좋은 것만은 아닙니다. 주변에 볼거리가 없어서 무미건조한 삶을 살고 있다면, 오늘부터 생각을 바꿔보기를 바랍니다. 내 주변에 볼거리와 즐길 거리가 없어서 주님께 집중할 수 있는 것이 감사하다고 말입니다.

오히려 부족한 것이 하나님만 바라보는 집중력을 만들어 낼 수 있습니다. 못생겨서 감사해 본 적이 있나요? 외모가 남들에 비해 많이 부족한(?) 목사님이 설교를 시작할 때 이렇게 이야기한 것을 들은 적이 있습니다.

"여러분, 저는 제 외모를 이렇게 만들어 주신 하나님께 감사를 드립니다. 여러분이 오로지 설교 말씀에만 집중할 수 있기 때문입니다."

이 얼마나 유쾌하고 멋진 해석인가요. 갈 곳이 없다고 슬퍼하지 말기 바랍니다. 볼 것이 없어서 삶이 지루하다고 생각하지 말기 바랍니다. 하나님이 한 사람을 쓰시기 위해 사용하신

고정적인 방법은 그를 광야로 보내시는 것입니다. 사람도 없고, 볼 것도 없는 광야에서 오로지 하나님만 바라보고, 하나님께만 집중하는 훈련을 집중적으로 시키신 것입니다.

광야 같은 우리 인생은 하나님을 바라보기에 가장 좋은 최적의 환경임을 기억하고, 광야에서 감사를 외쳐 보기 바랍니다.

가시를 품은
사람

미인의 공통점이 있습니다. 하나같이 몸이 약하다는 것입니다. 예외도 있겠지만, 적어도 제 경험에서는 그렇습니다. 그러므로 하나님은 늘 공평하십니다. 모든 것을 가진 사람은 없기 때문입니다.

바울은 장점만큼 단점을 많이 가진 사람입니다. 단점보다 핸디캡이라는 말이 더 어울릴 듯합니다. 바울에게는 크게 3개의 장애가 있었음에 분명합니다.

첫 번째, 안질의 병입니다. 그는 눈이 좋지 않았습니다. 그래서 그의 글은 대부분 다른 사람이 대필해야 했습니다. 성경에 그의 눈의 상태를 짐작할 만한 힌트가 빈번하게 등장합니다.

두 번째, 심한 말더듬이였습니다. 사람들이 들으면 조롱할 정도로 심각했던 것 같습니다. 글로 은혜를 받은 사람들이 말을 듣고 크게 실망했던 것으로 봐서 보통 사람 이하의 말주변을 가진 사람이었음에 분명합니다.

세 번째, 간질병을 갖고 있었던 것 같습니다. 고린도후서 12장에서 그는 자신의 몸에 육체의 가시를 갖고 있다고 고백합니다. 그리고 그 육체의 가시를 '사탄의 사자'라고 표현합니다. '사탄의 사자'는 당시에 간질병의 새로운 이름이었습니다. 멀쩡하던 사람이 쓰러져 거품을 물고 뒹구는 것이 오늘날에는 병리 현상의 하나로 이해되지만, 당시에는 사탄이 든 사람만 보여 줄 수 있는 모습이었기 때문에 당연히 간질을 '사탄의 사자'로 인식했죠.

그렇다면 설교자가 갑자기 거품을 물고 쓰러졌다는 것은 사탄이 들어갔다는 것을 의미하는데, 누가 그 설교를 듣고 예수를 믿겠습니까? 이것은 사역자에게는 치명적인 약점이었습니다. 그래서 바울은 그 육체의 고통스러운 가시를 빼기 위해 하나님 앞에서 간절하게 3번(3번의 의미는 '간절하게', '온전하게', '끝까지'라는 의미를 포함)이나 기도합니다. 하나님은 그 가시를 능히 빼 주실 수 있는 분이라고 하면서요. 바울은 그것을 믿었고,

저도 그것을 믿습니다. 그런데 무슨 일인지 하나님은 그 가시를 빼 주지 않으셨습니다. 대신에 다른 응답을 그에게 주셨습니다.

> "나에게 이르시기를 내 은혜가 네게 족하도다 이는 내 능력이 약한 데서 온전하여짐이라 하신지라"(고후 12:9).

하나님은 바울의 능력이 어디서 나오는지 잘 아셨습니다. 바울의 약한 데서 온전한 능력이 샘물처럼 솟아나고 있었던 것입니다. 바울은 그 약함이 능력을 가로막는다고 생각했지만, 하나님은 능력이 그 약함에서 나온다고 말씀하시는 것입니다. 그러니 하나님이 그 능력이 나오는 샘물을 막으실 리가 만무하죠.

바울이 그렇게 간절하게 기도하고 열정적으로 사역을 한 것은 바로 그가 약했기 때문입니다. 약했기에 하나님을 더욱 의지했고, 약했기에 하나님을 더욱 붙들었던 것입니다. 그것 때문에 하나님의 능력이 바울에게 24시간 머무를 수 있었습니다. 이 신비를 깨달은 바울은 전혀 실망하거나 좌절하지 않았습니다. 그는 이 석연치 않은 하나님의 응답 앞에 이렇게 반응했습니다.

"그러므로 도리어 크게 기뻐함으로 나의 여러 약한 것들에 대하여 자랑하리니 이는 그리스도의 능력이 내게 머물게 하려 함이라"(고후 12:9).

이 고백을 잘 들어 보면, 약한 것들을 담담하게 받아들이겠다고 말하지 않습니다. 약한 것들을 감수하겠다고 말하지도 않습니다. 바울은 이 약한 것들을 오히려 자랑하겠다고 말합니다. 얼마나 놀라운 고백입니까? 그가 약한 것을 공개하는 수준이 아니라 자랑하는 수준으로 고백하는 것은, 그리스도의 능력이 머무는 곳이 바로 자신의 약한 것임을 깨달았기 때문입니다.

부족함은 하나님의 능력이 머무는 곳입니다. 약하지 않다면 그리스도가 도와주실 이유가 없습니다. 예수님은 의인을 부르러 오신 것이 아니라 죄인을 부르러 오셨습니다. 건강한 자에게는 의원이 쓸데없습니다. 병든 자에게 의원이 필요하듯, 약한 것을 자랑하는 사람에게 예수님은 능력을 부어 주십니다.

우리의 자랑은 올라간 집값이나 새로 산 구두와 가방이나 자녀들의 명문대학교 입학이 아닙니다. 우리가 숨기고 싶어 했던 약한 것들이 우리의 자랑이 되어야 합니다. 그곳에 그리스도의 능력이 임하기 때문입니다.

6

부 족 함 은
행 복 을
깨 우 쳐   준 다

너무 많은 것을 바라보면 점점 불만이 차오릅니다. 수많은 욕심이 우리를 무기
력하게 만듭니다. 가진 것이 너무 많아서 나에게 무엇이 있는지조차 모르는 삶
보다, 가진 것이 단출해서 하나하나가 모두 소중한 인생이 더욱 행복한 인생임을
기억해야 합니다.

여유는 가진 사람만의 몫이 아닙니다. 때로는 부족하고 가진 것 없는 사람이 더 행복을 느낄 때가 있습니다.

강둑에 서서 거지 부자가 강 너머를 쳐다보고 있었습니다. 그곳에는 동네에서 제일가는 부잣집이 활활 불타고 있었습니다. 거지 아들이 말했습니다.

"아빠, 저 부잣집이 다 타 버려서 어떡해요. 진짜 불쌍해요."

그러자 아빠의 대답이 가관입니다.

"넌 아빠를 잘 만나서 저런 걱정 안 해도 되니 얼마나 행복하니?"

아들은 신나서 이렇게 대답합니다.

"역시 우리 아빠 최고!"

이 정도의 행복을 느낄 수 있다면 가진 것이 없어도 괜찮지 않을까요?

부족하면 모든 것이 감사로 바뀝니다. 부족하면 내게 없는 것보다 있는 것의 가치를 알게 되죠. 너무 많으면 무엇을 가졌는지 모르지만, 부족하면 내게 있는 것이 얼마나 소중한지 단박에 알게 됩니다. 그래서 부족해도 얼마든지 행복할 수 있는 것입니다.

행복의 조건

복을 가장 단도직입적으로 설명한 것이 있다면 마태복음 5장의 팔복일 것입니다. 그런데 팔복에서 이야기하는 복에는 공통점이 있습니다. 모두 무엇인가 부족함을 안고 살아가는 사람들의 이야기라는 것입니다. 예수님은 이런 사람들을 향해 복이 있다고 말씀하십니다.

심령이 가난한 자, 애통하는 자, 의에 주리고 목마른 자, 긍

휼이 필요한 자, 핍박받는 자…. 왜 예수님은 가진 사람들을 보고 복이 있다고 말씀하시지 않고, 이렇게 부족한 사람들을 보고 복이 있다고 말씀하셨을까요? 가짐과 못 가짐은 행복과 무관한 것임을 말씀하시고자 한 것입니다. 아니, 부족한 사람이 더 행복할 수 있다고 말씀하시는 것입니다.

사람의 가장 큰 허무함과 공허는 목표를 향해 달려갈 때가 아니라, 정상에 서 있을 때 찾아옵니다. 더 이상 부족한 것이 없을 때 진정한 행복이 오는 것이 아니라, 오히려 예기치 않은 공허가 물밀듯 밀려오는 것입니다.

철학자 플라톤이 말한 행복의 조건은 참으로 흥미롭습니다.

첫째, 먹고, 입고, 살고 싶은 수준에서 조금 부족한 듯한 재산.

둘째, 모든 사람이 칭찬하기에 약간 부족한 용모.

셋째, 절반 정도밖에 알아주지 않는 명예.

넷째, 겨뤄서 한 사람에게 이기고 두 사람에게 질 정도의 체력.

다섯째, 연설을 듣고서 청중의 절반은 손뼉을 치지 않는 말솜씨.

플라톤은 이렇게 적당히 부족한 상태에서 인간은 비로소 행복을 누릴 수 있다고 말합니다.

어떻게 플라톤이 말한 부족한 다섯 가지가 행복이 될 수 있을까요? 먹고, 입고, 살고 싶은 수준에서 조금 부족한 듯한 재산을 갖고 살아가는 사람에게 재산은 모두 값지고 소중한 것이기 때문입니다. 소중하지 않은 것이 하나도 없습니다. 가진 것 모두가 소중한 사람이 어찌 행복하지 않을 수 있겠습니까?

모든 사람이 칭찬하기에 약간 부족한 용모를 가진 사람 옆에 함께 있어 주는 사람들은 모두 고마운 사람들입니다. 내가 잘생겼다면 옆에 누군가 있는 것이 당연하고, 어쩌면 귀찮은 일인지도 모릅니다. 나의 부족한 용모에도 불구하고 아내가 되어 주고, 남편이 되어 주고, 기꺼이 친구가 되어 주는 사람을 옆에 두고 사는 사람은 행복한 사람임에 분명합니다.

절반 정도밖에 알아주지 않는 명예를 가진 사람은 자유롭습니다. 대한민국이 다 아는 유명한 사람은 어디를 가나 긴장 속에서 살아야 하고, 이미지 관리를 해야만 합니다. 이것만큼 피곤하고 불편한 것이 있을까요? 때로는 아무도 몰라주는 커피숍에 앉아서 자유롭게 커피를 마실 수 있다는 것이 얼마나 큰 행복인지 모릅니다. 절반밖에 몰라주는 명예는 정말 기가 막힌 조화가 아닐 수 없습니다.

겨뤄서 한 사람에게 이기고 두 사람에게 질 정도의 체력을 가진 사람은 행복한 사람입니다. 왜 그럴까요?

저는 초등학교 때 학교에서 싸움을 제일 잘하는 학생이었습니다. 항상 학생들이 제 뒤를 따라다녔습니다. 그런데 따라다니는 아이들은 많은데 친구가 없다는 것을 안 것은 중학교에 입학하고 나서였습니다. 중학교에 들어가서 저는 자연스럽게 싸움을 하지 않았고, 싸움에서 1등 하는 아이라는 이미지도 벗을 수 있었습니다. 그랬더니 많은 친구가 생겼습니다. 저보다 힘없는 친구도 다가와서 말을 걸고, 저보다 키가 작은 친구도 만만하게 보고 다가와서 친구가 되었습니다.

돌아보면, 싸움을 잘했던 초등학교 시절보다 싸움을 하지 않았던 중학교 시절이 훨씬 행복했습니다. 적당한 체력은 사람을 끄는 매력이 있음을 알게 되었습니다.

연설을 듣고서 청중의 절반이 손뼉을 치지 않는 말솜씨는 또 왜 행복의 조건일까요? 모든 사람이 박수를 치는 연설은 사람의 비위를 맞추는 연설이었다는 것을 의미합니다. 한 사람도 박수 치지 않는 연설이라면 연설에 문제가 있다는 뜻입니다. 절반이 박수를 친다는 것은 연설도 좋고, 주장도 분명하다는 것을 의미합니다. 더불어 절반이 박수 친 연설은 논지가 분명해서 호불호가 정확히 나뉜다는 것을 의미합니다. 절반이 박수를 치지 않았지만, 박수 친 절반은 정말로 내 편이라는 뜻이죠. 모든 사람에게 박수 받기 위해 살아가는 사람보다 진정한 박수를 보내는 소수를 가진 사람의 마음이 더 편하고 행복한 것입니다.

그렇기에 플라톤이 말한 다섯 가지 행복의 조건은 맞는 말입니다. 이 다섯 가지 행복의 조건과 예수님이 말씀하신 여덟 가지의 행복이 어쩜 그렇게 똑같은지 모르겠습니다. "부족한 사람이 복이 있다." 이 신비를 우리 모두가 깨닫게 되기를 바랍니다.

부족해서
더 행복한 여행

해외여행을 떠날 때 돈을 많이 갖고 간 사람과 돈을 적게 갖고 간 사람 중에 누가 더 여행을 즐겼을까요? 정답은 돈을 적게 가지고 떠난 사람입니다.

돈이 있는 사람은 해외에 갈 때 패키지로 된 여행 상품을 사서 떠납니다. 공항에 도착하면 누군가 태우러 나오고, 최고로 좋은 호텔로 인도합니다. 그리고 그곳에서 잠을 자고, 다음 날 아침부터 정해진 스케줄대로 여행하고, 친절한 가이드의 설명을 듣습니다. 식사 때가 되면 이미 음식을 차려 놓고 손님을 기다리는 식당에 들어가서 식사하고, 관광 상품을 파는 가게로 향해 기념품을 삽니다. 저녁이 되면 호텔에서 삼삼오오 모여서 고향에서 가져온 오징어를 꺼내 씹으면서 정치 이야기나 새로 나온 명품 이야기로 밤을 지새웁니다. 이렇게 최고의 일주일을 보내고 누군가 다시 공항에 태워다 주면, 얼마의 팁을 주고 비행기에 오르면 되는 것입니다.

돈은 이렇게 여행자에게 편리함을 줍니다. 그러나 왠지 그 여행이 그렇게 만족스럽지 못한 이유는 무엇일까요?

유럽이든, 아프리카든, 아시아든 여러 나라를 방문하면서 느끼게 된 한 가지가 있다면, 돈이 있으면 모든 나라에서 누리는 혜택이 똑같다는 것입니다. 아프리카의 최고 호텔과 미국의 최고 호텔은 별반 다르지 않습니다. 편안한 침대, 서양식으로 나오는 호텔 음식, 언제나 연락이 되는 인터넷 등 모든 것이 고국에서 누리는 편리함을 그대로 느낄 수 있기 때문에 조금도 특이한 것이 없습니다. 그런 호텔 안에 있으면 그곳이 아프리카인지 미국인지 분간되지 않습니다. 특이한 것이 없으니 기억에도 오래 남지 않습니다.

그러나 돈 없이 해외여행을 하면 불편한 것이 한두 가지가 아닙니다. 공항에 도착해서 먼저 들고 온 지도를 펼쳐 보고 한참을 연구해야 합니다. 스스로 여행지를 정해야 하고, 가장 먼저 가 볼 만한 곳을 정해야 합니다. 그리고 그곳으로 가기 위해 가장 싼 교통편을 찾아 이동해야 합니다. 기차도 있고, 버스도 있고, 택시도 있지만 릭샤라는 인력거를 타고 이동합니다. 덜컹거리면서 사람들을 빠져나가는 그 아슬아슬한 장면에 오금이 저리지만, 돈을 아껴야 한다는 마음에 참아야만 합니다. 첫 번째로 방문한 관광지에서 지불한 입장권 때문에 본전을 뽑을 때까지 꼼꼼하게 관찰하고 둘러봅니다. 한참 걷다 보면 배에서 신호가 옵니다. 제3세계 여행에서 만나는 샌드위치의 가격은 실로 상상을 초월합니다. 할 수 없이 그곳의 재래시장을 방문해서 가장 싼 음식을 구해서 먹어야 하죠. 변변한 젓가락이나 포크도 없이 손으로 현지 음식을 먹습니다. 그리고 또다시 인력거를 타고 다음 행선지로 이동합니다. 숙소는 당연히 가장 싼 현지인의 집에서 민박을 하고, 그들이 주는 밥을 먹고, 밤새 모기와 사투를 벌입니다.

이렇게 일주일을 여행하고 나면 몸은 지칠 대로 지치고, 몰골은 말이 아닙니다. 다시 인력거를 이용해서 공항에 도착하고, 화장실에 들어가서 비로소 거울에 비친 자신의 모습을 보죠. 일주일 만에 현지인이 되어 있는 자신의 모습에 적지 않게 놀라곤 합니다. 비행기를 타고 고국으로 돌아오는 귀향길에 몸은 지칠 대로 지쳐 있습니다. 하지만 왠지 모르게 마음속에는 행복이 가득함을 느끼죠.

돈이 없기 때문에 오히려 누구보다 그 나라를 가장 깊이 있게 체험한 것입니다. 고급 여행을 10번 다녀온 사람들보다 그 나라에 대해 더 잘 설명할 수 있습니다. 해가 바뀌고 작년의 그맘때가 되면 어김없이 다시 그 나라로 날아가고 싶은 마음에 한동안 마음이 뒤숭숭합니다. 그때만 생각하면 마음에 행복이 밀려오죠.

부족한 돈으로 떠난 여행이 훨씬 행복할 수 있습니다. 부족한 돈 때문에 훨씬 많은 것을 체험하고, 훨씬 많은 사람을 만납니다. 그 땅을 더 오랫동안 밟을 수도 있습니다. 현지에서 먹은 음식의 맛이 평생 머릿속에 저장되어 배고플 때마다 떠올라 군침을 삼키곤 합니다. 그런 불편한 여행은 오히려 잊을 수 없는 추억을 만들고, 마음은 행복으로 충만해집니다.

예수님은 집도 없고, 변변히 입을 옷도 없고, 먹을 것도 마땅치 않은 여행을 하셨습니다. 3년 동안 갈릴리 주변을 여행하셨고, 평생에 7번 예루살렘 여행길을 떠나셨습니다. 그때마다 예수님은 고급 여행을 하지 않으셨습니다. 늘 부족하게 떠나셨죠. 옷 한 벌 외에는 아무것도 없으셨음이 분명합니다. 그랬기 때문에 예수님의 여행은 행복한 여행이 될 수 있었습니다.

만일 예수님이 제자들을 시켜서 예루살렘 스케줄을 잡게 하고, 말을 준비시키고, 만나야 할 사람들과 약속을 잡고, 머물 숙소를 예약하고 떠난 여행이었다면 어땠을까요? 정해진 시간에 차질 없이 예루살렘에 다녀오는 데는 성공했을지 모릅니다. 하지만 분명 많은 것들을 놓치셨을 것입니다.

예수님은 그런 여행을 떠나신 적이 한 번도 없습니다. 그저 길을 나서신 것입니다. 먹을 것을 가져가지 않으시고, 행선지도 불분명하게 거할 곳도 알아보지 않고 떠나셨습니다. 그런 예수님의 부족한 여행 때문에 얼마나 많은 사람들이 행복해졌는지 모릅니다.

예수님은 밤이 되면 최고의 집에 찾아가지 않으시고, 가난한 나사로의 집이나 죄인이었던 레위의 집에 찾아가서 먹고 주무셨습니다. 여리고로 지나가실 때는 뽕나무 위에 올라가 있는 삭개오를 쳐다보는 여유도 보이실 정도로 바쁜 일정에 쫓기지 않으셨습니다. 오히려 일정이 없었기에 그날 삭개오의 집으로 가서 주무실 수 있는 여유도 생긴 것입니다. 재촉하는 이가 없으니 혈루증을 앓는 여인을 찾아내어 고쳐 주실 여유도 있었습니다. 길가에 앉아 있는 앉은뱅이도 예수님의 눈에는 모두 보였습니다.

예루살렘에서 돌아오시는 길에도 예수님은 정해진 루트를 따르지 않으셨습니다. 정 코스인 요단 강 동쪽으로 가시지 않고 사마리아 땅으로 직진하기로 결정하셨습니다. 예수님의 정해지지 않은 스케줄 때문에, 우물가에서 만난 여인과 한참 동안 이야기하실 수 있었던 것입니다.

예수님이 고급 여행을 떠나지 않고 부족한 여행을 떠나신 덕분에, 부족함을 안고 살아가는 수많은 사람들이 예수님을 만나서 회복되고 인생의 행복을 누릴 수 있게 된 것입니다.

부족함으로 길을 나서면, 아무 음식에나 감사할 수 있습니다. 부족함으로 여행을 나서면, 어느 곳에서나 감사한 마음으로 잠잘 수 있습니다. 부족함으로 떠난 여행은 모든 것이 감사뿐입니다. 부족함으로 떠난 여행에서 만나는 사람들은 한 사람 한 사람 모두가 귀하기만 합니다. 부족하기 때문에 모든 것이 소중하고, 부족하기 때문에 오히려 더 행복한 신비를 깨닫게 됩니다.

우리를 무기력하게 만드는 욕심

바스 카스트(Bas Kast)가 쓴 《선택의 조건: 사람은 무엇으로 행복을 얻는가》(한국경제신문사)라는 책에는 재미있는 한 가지 실험이 나옵니다. 뉴욕 컬럼비아 대학교 경영학과의 쉬나 아이

엔가(Sheena Iyengar) 교수가 학생들을 데리고 한 가지 실험을 했습니다. 샌프란시스코의 한 마켓에서 잼 시식 실험을 한 것입니다.

사람들의 출입이 가장 많은 곳에 여섯 종류의 잼을 놓고, 다른 곳에는 스물네 종류의 잼을 놓은 후 시식하게 했습니다. 시식 후 그 잼을 사고 싶어 하는 사람이 그 자리에서 바로 구입하게 하지 않고, 조금 떨어진 곳에 찾아가서 구입하도록 했습니다. 당연히 스물네 종류의 잼이 있는 곳에 더 많은 사람들이 몰려들었죠.

그런데 그들이 잼을 구입한 것에서는 반대의 결과가 나왔습니다. 24개의 잼이 놓인 시식 코너에 있던 사람들은 무엇을 사야 할지 선택하지 못하고, 상당히 헷갈려 했습니다. 심지어 서로 비교해 보고 이 병, 저 병을 들고 의견을 주고받다가 결국에는 결정하지 못하고 구입을 포기했습니다. 반면에 6개의 잼이 놓인 시식 코너에 있던 사람들은 의외로 자신이 원하는 잼이 무엇인지를 금방 알았고, 그것을 구입하기 위해 잼이 있는 곳으로 성큼성큼 걸어갔습니다. 6개의 잼이 진열된 시식 코너를 거친 사람들은 30%가 잼을 구입한 반면, 24개의 잼이 있는 시식 코너를 거친 사람들은 겨우 3%만 구입했습니다. 그 차이는 자그마치 10 대 1이었습니다.

우리는 자신의 삶에서 잼의 종류가 너무 적다고 불평합니다. 그리고 잼이 넘쳐 나는 화려한 삶을 기웃거리며 부러워하죠. 많은 선택의 조건은 그 숫자만큼 많은 고민을 만들어 낸다는 것을 깨닫지 못합니다.

사자를 조련하는 방법은 의외로 간단하다고 합니다. 포효하며 살기가 등등한 사자 앞에서 조련사는 다리가 4개인 의자를 보여 줍니다. 사자의 눈앞에 4개의 의자 다리가 보이면, 사자는 당황합니다. 사자는 한 가지 목표를 보고 바람같이 달려가 먹이를 물어뜯는 습성이 있는데, 갑자기 눈앞에 바라봐야 할 목표가 4개나 생긴 것입니다. 왼쪽 다리를 보자니 오른쪽 다리가 거슬리고, 오른쪽 다리를 보자니 뒤에 있는 다리에 눈이 자꾸 가서 급기야 목표물을 상실하고 온순해집니다. 한 가지 목표물을 바라보고 살던 사자에게 4개의 목표물이 생긴 것은 반가운 소식이 아닙니다. 이는 다른 말로 목표물의 상실을 의미합니다.

잼이 너무 많으면 잼에 대한 식욕이 줄어들 듯이, 바라봐야 할 목표가 너무 많으면 야성이 사라집니다. 그래서 히브리서 기자는 인생길을 달려가는 우리가 바라봐야 할 것을 많이 소개하지 않고, 딱 한 가지만 소개합니다.

"믿음의 주요 또 온전하게 하시는 이인 예수를 바라보자"
(히 12:2).

예수님만 바라보면 감사가 생깁니다. 너무 많은 것을 바라
보면 불만이 차오릅니다. 다리 4개를 다 봐야 한다는 사자의
욕심이 그를 무기력하게 만들었듯이, 우리 안에 들어와 있는
보고 싶고 하고 싶은 수많은 욕심이 우리를 무기력하게 만듭
니다. 우리의 눈이 믿음의 주요, 온전하게 하시는 이인 예수님
만 바라본다면 예수님이 주시는 만족이 우리 안에 충만할 것
입니다.

옷장에 옷이 많은 사람은 아침마다 무엇을 입어야 할지 고
민이지만, 필요한 옷만 갖고 살아가는 사람은 그런 것에 고민
하지 않습니다. 무엇부터 먹어야 할지 모르는 화려한 밥상보
다 한두 가지 단출한 반찬이 오히려 식욕을 높입니다. 가진 것
이 너무 많아서 나에게 무엇이 있는지조차 모르는 삶보다, 가
진 것이 단출해서 하나하나가 모두 소중한 인생이 더욱 행복
한 인생임을 늘 기억하기 바랍니다.

전천후
행복 찾기

바울은 빌립보서 4장 13절에서 엄청난 고백을 합니다.

"내게 능력 주시는 자 안에서 내가 모든 것을 할 수 있느니라."

이 구절은 특히 한국의 특정 교단에서 전유물처럼 사용하고 있는 구절이기도 합니다. 또한 모든 긍정적인 사고방식의 단초가 되는 구절이기도 하죠. "할 수 있다. 하면 된다. 해 보자"를 주장하는 데 가장 유익한 구절입니다.

그렇다면 바울은 정말 모든 것을 할 수 있었던 사람일까요? 네. 그는 모든 것을 했습니다. 그런데 그 방법이 일반적인 방법과는 사뭇 다릅니다. 그가 모든 것을 할 수 있었던 것은 슈퍼맨 같은 능력 때문이 아니었습니다. 그가 모든 것을 할 수 있었던 이유는 모든 것에 만족했기 때문입니다.

"내가 궁핍하므로 말하는 것이 아니니라 어떠한 형편에든지 나는 자족하기를 배웠노니"(빌 4:11).

그는 가난을 부유함으로 바꾸지 않았습니다. 배고플 때 요술을 부려서 빵을 만들어 내는 능력도 없었습니다. 하지만 그는 그런 모든 상황 가운데서 감사하는 마음으로 일관했습니다. 이런 사람을 누가 당하겠습니까?

> "나는 비천에 처할 줄도 알고 풍부에 처할 줄도 알아 모든 일 곧 배부름과 배고픔과 풍부와 궁핍에도 처할 줄 아는 일체의 비결을 배웠노라"(빌 4:12).

가난에도, 배고픔에도, 어떠한 부족함에도 바울은 만반의 준비를 끝낸 사람이었습니다. 있으면 좋고 없어도 그만인 삶을 살았기에, 사탄이 그러한 부족함으로 바울을 공격해 쓰러뜨릴 수 없었습니다. 감사하며 사는 사람, 자족하면서 사는 사람은 사탄이 어찌하지 못합니다.

영화 〈매트릭스〉(The Matrix)에서 주인공 네오가 날아오는 총알을 피하는 장면은 최고의 명장면입니다. 허리를 뒤로 젖히고 팔을 이리저리 저으면서 날아오는 총알 하나하나를 피하는 슬로모션은 보는 이들에게 감탄사를 연발하게 합니다.

영화는 그렇게 끝나지만, 만일 수십 명의 사람이 네오를 향해 머신 건으로 쏜다고 해도 네오가 다 피할 수 있었을까요? 아마 그럴 수 없었을 것입니다. 총알을 피해서 살아나는 것은 총알을 맞으면 죽는다는 것을 전제로 하기에 여전히 불안하죠.

그 뒤에 나온 영화 〈슈퍼맨 리턴즈〉(Superman Returns)에 나온 슈퍼맨은 가슴속까지 시원하게 악당을 물리칩니다. 은행 강도가 돈을 훔치고 달아나는 순간에 슈퍼맨이 은행 건물의 옥상에 날아듭니다. 그때 은행 강도 일당은 최고 성능의 머신 건으로 슈퍼맨에게 총을 쏘아 대지만, 그 총알은 슈퍼맨의 몸을 뚫지 못하고 모두 튕겨 나가고 맙니다. 슈퍼맨은 강도에게로 점점 가까이 걸어가고, 은행 강도는 권총을 꺼내 들어 슈퍼맨의 눈앞에서 눈동자를 향해 방아쇠를 당깁니다. 그 순간 최고의 명장면이 펼쳐집니다. 권총을 떠난 총알이 슈퍼맨의 눈동자에 닿자, 그 총알이 종이가 구겨지듯 구겨지면서 땅에 떨어지고 맙니다. 그 장면에서 관객은 박수의 갈채를 보내죠.

바울이 말하는 "내게 능력 주시는 자 안에서 내가 모든 것을 할 수 있다"는 것은 바로 이와 같은 고백입니다. 가난이 와도, 고통이 와도, 배가 고파도, 몸이 아파도, 어떤 상황에 놓인다고 해도 그 상황이 나를 넘어뜨리지 못합니다. 모든 일 속에서 자족하고 감사하는 법을 배웠기 때문입니다. 가난과 배고픔을 피해 간다고 행복한 것이 아닙니다. 어떤 상황에서도 넘어지지 않고 감사하는, 자족하는 마음이 가장 큰 능력입니다. 행복은 배고픈 배가 불렀을 때 찾아오는 것이 아니라, 모든 순간에 감사를 잃어버리지 않을 때 찾아오는 것입니다. 모든 일에 감사하기로 작정한 바울을 사탄이 무슨 수로 이길 수 있겠습니까?

우리 교회에 거짓말 같은 일이 벌어졌습니다. 교회에서 가장 헌신하는 안수집사님 부부가 있습니다. 어느 날 아내인 권사님에게 유방암이 찾아왔습니다. 항암 치료를 받으면서 머리카락은 모두 빠지고, 몸은 나무토막처럼 말라 갔습니다. 하지만 심방을 가서 이야기를 나누면, "그래도 감사해요"라는 말을 입에 달고 사셨습니다. 침상에 누워 눈물을 흘리며 고통과 싸우고 있을 때도, 여전히 고백은 이길 힘을 주시는 하나님께 감사하다는 말뿐이었습니다. 그런데 하나님이 그 병을 치유해 주셨습니다. 감사 앞에서는 암도 견딜 수 없었던 것입니다.

그 암이 치유 판정을 받자, 야속하게도 남편이 전립선암 판정을 받게 됩니다. 전립선암의 경우, 수치를 1-10으로 잡았을 때 5 이상으로 넘어가면 치료가 어렵다고 합니다. 그런데 안수집사님은 9라는 높은 수치 판정을 받았습니다. 단기 선교 중에 고통 때문에 자리에 앉지 않고 늘 서 있었던 이유를 알게 됐죠. 한 명도 모자라서 어떻게 부부가 다 암에 걸릴 수 있을까요. 그런데 심방을 가 보면, 부부가 입을 모아 그래도 감사를 외쳤습니다. 이제 60세를 살아 놓고도, 이만큼 살아온 것도 감사하다고 말씀하셨습니다. 암이 그분들의 입에서 감사를 빼앗아 갈 수 없었습니다. 놀랍게도 하나님이 그 말기 전립선암을 고쳐 주셨습니다. 감사가 암을 이긴 것입니다.

이 이야기는 여기서 끝나지 않습니다. 안수집사님의 전립선암이 완치 판정을 받고서 얼마 지나지 않아, 서른두 살의 장남이 임파선암에 걸립니다. 회계사 시험에 합격하여 전도유망했던 청년에게 말기 임파선암이라는 반갑지 않은 손님이 찾아온 것입니다. 의사가 항암 치료를 환자 본인의 의사에 맡긴다고 할 정도로 가망이 없었습니다. 그런데 그 집을 심방할 때마다 이제는 3명이 감사하다고 고백했습니다. 우리에게 부족한 것이 있어서 하나님이 이런 훈련을 시키시니 얼마나 감사하냐고 했습니다. 결론부터 말하면, 그 청년의 말기 암역시 완치 판정을 받습니다. 의사가 고개를 흔들면서 도대체 암이 어디로 갔는지 모르겠다며 자신의 눈을 의심했다고 합니다.

항암 치료 중에 아들이 엄마에게 보낸 문자의 내용을 보면 암이 견딜 수 없는 감사를 보게 됩니다.

"아침에 병원에 와서 포트를 박았다. 어깨 통증이 심하다. 룸이 준비되지 않아 수속을 밟는 데 한참 기다렸다. 룸에 도착해서 창밖을 보니 뷰가 너무 좋았다. 세상에, 댈러스에 이런 곳이 있었다니. ㅎㅎㅎ"

"아침에 키모를 맞았다. 저녁에는 샐러드를 먹고 토했다. 아파서가 아니라, 많이 먹어서 그런 것 같다. ㅎㅎㅎ 엄마가 많이 놀랐을 텐데, 엄마, 아파서 그런 게 아니라 많이 먹어서 그런 거예요. 루도스 간호사님이 나를 위로해 주었다. 난 너무 행복해서 어떻게 감사를 표현해야 할지 모르겠다. 지금 이렇게 감사한데, 이렇게 기쁜데. 이 악물고 버텨 보리라. 오너라."

"오늘만 같아라. 좋은 날이다. 부작용도 없다. 감사하기만 하다."

"오늘은 참으로 특별하다. 내가 장하다. 감사한 만큼 행복한 것임을 깊이 깨달았다. 라운딩을 하면서 다른 환자들을 위해 기도했다. 나는 기도해 주는 사람이 많은데, 다른 환자들은 그런 사람이 없을 것 같아서…. 하나님이 나에게 이런 마음도 주시다니, 감사하다. 다른 병실에서 나오는 간호사 두 분의 눈이 빨개져 있다. 이분들에게는 자주 하는 이별일 텐데, 이별은 항상 힘든가 보다."

"내 몸은 점점 약해지나 내 영혼에서 흘러나오는 기쁨은 넘쳐 흐릅니다. 하나님의 뜻 가운데 귀한 간호사님을 만나게 해 주셔서 감사합니다. 이 일을 사명으로 생각하면서 열심히 뛰는 루도스 간호사님의 신발이 너무 아름다웠습니다. 그분의 웃음 속에 예수님이 보입니다. 우리 교회가 그토록 찾던, 선교적 삶을 살고 계신 분을 만났습니다."

세상에는 암이 이길 수 없는 감사가 있는 것 같습니다. 얼마 후 권사님이 제게 이런 문자를 보내 오셨습니다.

"목사님, 새벽마다 우리 재관이 위해 기도하시더니 기적이 일어났습니다. 배 안에 암 덩어리가 가득 찼는데, 하나도 없대요. 재관이가 너무 기뻐하네요. 감사합니다."

그렇게 해서 2년 동안 4명의 가족 중 3명이 말기 암에서 고침을 받았습니다. 그 2년 동안 그분들을 수없이 만났지만, 단한 번도 원망이나 불평하는 것을 들을 수 없었습니다. 감사는 결과에 대한 반응이 아니라, 하루하루 겪는 것에 대한 신앙의 고백임을 알게 됐습니다. 행복과 감사는 아주 가까이, 아주 평범한 곳에서부터 시작되는 것이 분명합니다. 감사는 환경이나 조건이 아니라, 하나님을 향한 마음에서 시작되는 감정입니다.

행복하기로 작정하고 모든 준비를 끝낸 바울은 자신의 행복 노하우를 이렇게 공개합니다.

"아무것도 염려하지 말고 다만 모든 일에 기도와 간구로, 너희 구할 것을 감사함으로 하나님께 아뢰라 그리하면 모든 지각에 뛰어난 하나님의 평강이 그리스도 예수 안에서 너희 마음과 생각을 지키시리라"(빌 4:6-7).

부족하기 때문에 모든 것이 소중하고,
오히려 더 행복할 수 있습니다.

7

부 족 함 의
아 류 를
조 심 하 라

부족하다고 무조건 쓰임 받는 것이 아닙니다. 우리의 부족함은 하나님께 아무런 문제가 되지 않지만, 부족함에 머물러 있는 사람은 쓰임 받을 수 없습니다. 부족한 모습 그대로 은혜의 보좌 앞으로 나가야 합니다. 아무것도 하지 않고 있는 것은 나태함입니다.

성경 속의 부족한 사람들이 다 쓰임 받은 것은 아닙니다. 부족하다고 무조건 하나님의 일터에 고용되는 것이 아닙니다. 부족한 것이 하나님의 고용 기준에 아무런 장애가 되지 않는 것은 확실하지만, 부족함에 머물러 있는 사람은 쓰임 받을 수 없습니다.

예수님은 공생애를 사시는 동안 갈릴리에 있는 병자들을 다 고쳐 주시지 않았습니다. 갈릴리의 모든 사람이 배불렀던 것도 아닙니다. 예수님이 지나가실 때마다 수많은 병자가 몰려들었습니다. 그중 열두 해 동안 혈루증을 앓은 여인처럼 자신의 질병을 부끄러워하지 않고 주님 앞으로 나아와 주님의 옷자락을 붙잡은 사람들에게 예수님의 응답이 있었습니다.

부족한 모습 때문에 방문을 걸어 잠그고 숨어 있을 것이 아니라, 그 부끄러움을 갖고 길거리로 나와 지나가는 예수님의 옷자락을 붙잡아야 합니다. 부족함은 예수님의 응답을 받기에 아무런 문제가 없지만, 부족함에 머물러 있는 사람은 주인공이 될 수 없습니다.

많은 사람들이 이렇게 묻습니다.

"예수님은 성경 속에서 나같이 아픈 사람, 배고픈 사람에게 은혜를 베푸셨으면서 나에게는 왜 이렇게 인색하십니까?"

그 이유는, 부족하면 무조건 응답받는다는 부족함의 아류에 속았기 때문입니다. 부족한 모습 그대로 은혜의 보좌 앞으로 나가야 합니다. 응답이 그곳에 있습니다.

최고가 아니라,
유일한 사람

이어령 교수는 《디지로그》(생각의나무)라는 책에서 이런 말을 했습니다.

"'The best one'이 되기보다 'The only one'이 되어라."

우리는 저마다의 분야에서 남들보다 나은 부분이 있습니다. 똑같은 것을 갖고 비교하면 최고가 있고 2인자가 있겠지만, 하나님은 우리를 그렇게 지으시지 않았습니다. 모두 하나님의 독특한 형상을 지닌 최고의 작품으로 만드셨습니다.

언젠가 어느 교회의 부흥회를 인도할 때의 일입니다. 그날 저는 은사에 대해 설교했습니다. "하나님이 우리 자신에게 분명히 한 가지 이상의 은사를 주셨습니다. 그것이 우리에게 주신 하나님의 선물이며, 남들이 따라올 수 없는 유일한 것입니다"라고 한 시간 이상 설교했습니다. 다음 날 한 여자 집사님이 저를 찾아와서 이렇게 말했습니다.

"어제 설교를 듣고 하나님이 제게는 무엇을 주셨는지를 하루 종일 생각하고 오늘까지 생각해 봤어요. 하지만 저에게는 그 잘하는 한 가지가 없어요."

집사님이 모르거나 깊이 생각해 보지 않아서 그렇지 분명히 있을 것이라고 말하자, 정말 자신에게는 아무것도 없다고 역정을 내면서 뒤돌아섰습니다. 그리고 몇 발자국을 가다가 갑자기 생각났던지 다시 되돌아서서 제게로 왔습니다. 고개를 갸우뚱거리며 머뭇거리면서 집사님이 이렇게 말했습니다.

"한 가지 있기는 한데….."

"그게 뭔데요?"

그러자 부끄럽다는 듯 다시 손사래를 치며 돌아섰습니다. 저는 급하게 불러 세웠습니다.

"집사님, 일단 말해 보세요. 하나님이 쓰실지, 안 쓰실지는 제가 말씀드릴 테니까 일단 그게 뭔지 말해 보세요."

한참을 머뭇거리던 그분은 손을 입에 대고 부끄러운 듯 이렇게 말했습니다.

"제가 남들보다 식성이 좋아서 많이 먹어요. 호호호."

그때 순간적으로 번뜩이는 생각이 있었습니다.

"집사님은 바로 제가 찾던 분입니다. 집사님은 앞으로 담임 목사님이나 교구 목사님 따라서 심방을 다니세요. 그리고 심방에서 나오는 음식을 목사님 대신 먹어 주세요. 그러면 목회에 큰 도움이 될 겁니다."

그 농담 같지만 사실인 이야기를 듣고 집사님의 얼굴이 밝아졌습니다.

"그건 제가 자신 있어요. 정말 그게 도움이 된다면 그렇게 할게요."

성도가 늘어나고 심방의 횟수가 늘어날수록 목사인지 먹사인지 헷갈릴 때가 있습니다. 이럴 때 식성의 은사를 받은 사람은 목회에 큰 도움이 됩니다.

하나님이 만드신 모든 사람은 남들보다 나은 부분이 반드시 있습니다. 생각이 게을러서 없다고 착각하는 것이지, 잠시만이라도 생각해 보면 최고는 아닐지라도 하나님이 주신 나만의 유일한 그 무엇이 있습니다.

제가 지난 10년간 목회하면서 성도들에게 가장 강조한 것은 은사대로 섬기기와 1인 1사역입니다. 하나님은 빛의 자녀들에게 저마다 다른 은사를 주셨습니다. 성도들이 저마다의 은사를 온전히 사용해야 교회가 순기능을 감당할 수 있습니다.

어느새 교회 안에도 세상의 출세 방식이 들어와 있습니다. 어느 초등학교를 나와서 강남의 어느 고등학교를 보내고 SKY 대학교를 졸업하면 출세가 보장되고, 사회에서 성공한 사람으로 인정받는다는 프레임이 교회 안에도 들어와 있습니다.

몇 년 만에 집사가 되고, 몇 년이 지나면 안수 집사가 되고, 그 다음에 장로가 되고 권사가 되면 1등 성도이자 교회 안에서 존경받는 리더가 됩니다. 이것이 오늘날 교회에서 믿음의 수준의 척도가 되고 있습니다.

엄밀히 말하면 집사, 권사, 장로도 은사를 바탕으로 세워져야 합니다. 기도, 상담, 심방에 은사가 있는 사람은 권사가 돼야 하고, 섬김과 행정 능력이 탁월한 사람은 장로가 되어 교회를 이끌어야 합니다. 시간이 가면 주어지는 감투가 되어서는 안 됩니다. 시간과 직책은 아무런 상관관계가 없습니다. 초대교회의 일곱 집사를 세울 때, 교인이 된 지 몇 년 됐는지를 따지지 않았습니다. 성령이 충만하고 지혜가 많고 사람에게 칭찬받는, 은사적 기준으로 세웠다는 것을 기억해야 합니다. 그들이 원하는 집사의 기준에 부합하는 은사를 가진 'Only one'을 뽑은 것입니다.

그래서 우리 교회에서는 성도들이 모두 자신의 분야에서 행복하게 섬기고 있습니다. 어떤 직책에 연연하는 분위기와는 거리가 멉니다. 오히려 안수 집사를 세우려고 하면 서로 양보합니다. 자신의 은사가 아니라면서, 저를 찾아와서 한번만 더 생각해 달라고 애원합니다. 모두가 팀장으로, 팀원으로, 부서장으로 자신의 분야에서 최선을 다하는 모습이 두드러집니다.

목회 초기에는 모든 일들을 담임 목사 혼자 기획하고 진행하며 지시했는데, 오히려 최근에는 성도들이 제게 지시를 내립니다. 우리 교회에서 최근에 3일간 선교부흥회를 했습니다. 주 강사를 섭외하는 것 하나만 담임 목사에게 맡기고, 나머지는 모두 평신도들이 기획했습니다. 제게 여러 번의 이메일을 보내면서 지시(?)를 내렸죠. 도서 소개는 영상으로 하고, 드라마 팀은 치밀한 콘티를 만들어서 진행했습니다. 우리 교회에서 이런 일들은 각 부서에서 흔히 일어나는 일입니다. 자신의 은사를 숨기지 않고 드러내놓기 때문이죠.

최고를 지향하는 교회였다면 최고의 몇 사람이 움직였을 것입니다. 하지만 은사대로 움직이는 'only one'이 움직이는 교회는 훨씬 더 역동적이고, 모든 성도가 살아 있는 사역을 가능하게 합니다.

'The best one'은 'The only one'의 유사품입니다. 유사품에 주의해야 합니다. 하나님은 우리에게 단 한 번도 최고가 되라고 말씀하시지 않았습니다. 항상 최선을 다하라고 하셨지 최고가 되라고 요구하시지 않았습니다.

오스왈드 챔버스(Oswald Chambers)가 쓴 《주님의 나의 최고봉》(토기장이)이라는 책의 원제목은 "My utmost for His Highest"입니다. '최고의 하나님을 향한 나의 최선'이라는 뜻이죠. 그렇습니다. 우리의 최고는 하나님 한 분입니다. 그분이 우리의 'the best one'이시죠. 우리에게 필요한 것은 최고가 되는 것이 아니라, 나의 모든 열정을 다하는 최선입니다. 최고가 되지 못했다고 좌절하고 머물러 앉아 있으면 안 됩니다. 아

무리 부족해도 최선을 다하는 사람의 손을 예수님은 반드시
잡아 주실 것입니다.

3등은 괜찮지만
삼류는 안 된다

"3등은 괜찮지만 삼류는 안 된다."

정호승 시인이 쓴 《내 인생에 용기가 되어 준 한마디》(비채)
라는 책에 나오는 말입니다. 3등은 부끄러운 것이 아닙니다.
하지만 삼류로 사는 것은 부끄러운 일이죠. 삼류는 3등의 아류
입니다. 우리가 3등으로 사는 것은 괜찮지만, 삼류로 살아가는
것은 하나님이 원하시지 않습니다.

미국 최고의 명문인 아이비리그 대학들은 고등학교 때 성적
이 1등이라고 그 학생을 뽑지 않습니다. 대신 일류를 뽑습니
다. 그래서 반에서 1등 한 학생이 하버드 대학교에 떨어졌는
데, 같은 반에서 3등 한 학생은 합격하는 경우가 흔히 일어나
곤 합니다.

성적은 1등인데 삶은 삼류인 학생들이 있습니다. 어릴 적부

터 고등학교 졸업할 때까지 공부 빼고는 아무것도 한 것이 없는 아이들이 있습니다. 성적은 최고 점수지만, 그 외에 아무런 특징을 갖고 있지 않은 공부기계에게 학교는 아무런 관심을 보이지 않습니다. 반면에 공부는 비록 3등 수준이지만 삶이 일류인 학생들에게는 큰 관심을 보입니다. 사회봉사 활동, 운동, 어릴 적부터 지속적으로 준비해 온 자신만의 독특한 취미와 관심사 등이 학생을 일류로 만드는 것입니다. 1등이 아니어도 괜찮습니다. 3등도 얼마든지 일류의 삶을 살 수 있습니다.

장동건 주연의 드라마 〈신사의 품격〉을 빗대어 풍자한 〈거지의 품격〉이라는 개그 프로그램이 있었습니다. 그 프로그램의 주인공은 일명 '꽃거지'입니다. 허름한 코트를 열어젖히면 양쪽에 꽃이 가득합니다. 그가 어떻게 거지가 됐는지는 모르지만, 거지는 사회의 구성원으로 보면 3등에 속하는 사람입니다. 하지만 그는 3등 인생인지는 몰라도 삼류 인생은 아닙니다. 그의 삶 자체는 어떤 일류보다 나은 모습입니다. 거지임에도 가슴에는 꽃을 품고 살아가는, 일명 꽃거지로서의 자기 정체성이 분명하고, 자존감 또한 하늘을 찌르죠. 구걸해도 비굴하게 구하지 않고, "궁금하면 500원!"을 당당하게 외칩니다.

장동건 같은 1등이 일류로 사는 사람도 세상에는 있지만, 꽃거지 같은 3등이 일류로 사는 방법도 있습니다. 하나님은 우리에게 담대하게 살라고 말씀하십니다. 하나님의 자녀가 세상앞에 무릎 꿇고 비굴하게 살아가는 것을 원하시지 않습니다. 예수님은 분명히 말씀하셨습니다.

"담대하라 내가 세상을 이기었노라"(요 16:33).

오늘 우리의 삶이 3등 같아도 담대해야 합니다. 주님이 세상을 이기셨기 때문입니다. 3등 같은 인생이 일류의 삶을 살아갈 때, 이 땅의 모든 3등에게 소망이 생기는 것입니다.

제가 목회하는 곳인 댈러스와 우리 교회는 등수로 말하면 3등입니다. 한국의 목회에 비하면 이민 목회는 2등일 것입니다. 하루 종일 걸어 다녀도 한국 사람 한 명 만나기 힘든 댈러스는 100만 명 이상의 한인들이 살고 있는 로스앤젤레스에 비하면 다시 3등입니다. 댈러스는 3등 도시고, 우리 교회도 자연스럽게 3등 교회입니다. 하지만 절대로 삼류는 아닙니다. 어디에 내놓아도 우리는 일류 성도와 일류 목회를 하고 있습니다.

대한민국의 교회에는 두 종류가 있다고 합니다. 대형 교회와 대형 교회가 되고 싶어 하는 교회입니다. 모두 최고를 지향하고 있습니다. 교회가 작으면 스스로를 삼류로 생각합니다. 많은 사람들의 시선이 그렇게 만들었는지도 모릅니다. 성도의 숫자가 적고 건물이 작아서 3등이라고 말할 수 있을지는 몰라도, 교회와 성도와 목회자들이 삼류는 아님을 알아야 합니다. 거지도 일류로 살아갈 수 있는데, 하물며 하나님의 보배롭고 존귀한 자녀들이 일류로 살지 못할 이유가 없습니다. 삼류 갈릴리에서 일류로 사셨던 예수님처럼 말입니다.

겸손의 모조품, 열등감

믿음이란 하나님이 만드신 남을 보는 것이 아니라, 하나님이 만드신 나를 보는 것입니다. 나를 보면 겸손해지고, 남을 보면 열등감에 빠집니다. 세상의 모든 사람은 아름다운 사람입니다.

"하나님이 모든 것을 지으시되 때를 따라 아름답게 하셨고"(전 3:11).

하나님이 세상의 모든 만물을 지으셨습니다. 그렇기 때문에 세상의 모든 것은 아름답습니다. 하지만 반드시 기억해야할 한 가지가 있습니다. 사람을 포함해서 모든 것을 다른 아름다움으로 창조하셨다는 것입니다. 그래서 남을 보고 부러워할 이유가 없습니다. 그와 나는 다른 아름다움을 지니고 있기 때문입니다. 사람은 모두 다른 아름다움을 소유하고 있습니다.

요즘 자주 듣는 말 중에 "다름(difference)은 잘못됨(wrong)이 아니다"라는 말이 있습니다. 다름을 잘못으로 인식하는 순간 열등감에 빠지고, 평생 남을 보고 부러워하며 살아야 합니다. 또한 남 같지 않은 나를 보면서 열등감의 노예로 살게 됩니다.

전도서의 말씀을 묵상하길 바랍니다. 하나님은 모든 사람을 각각 다른 아름다움을 지닌 사람으로 지으셨습니다. 여기서 더 중요한 한 가지 사실이 있습니다. 그것은 때를 따라 아름답게 하셨다는 것입니다. 이 말은 일차적인 의미로는 10대의 아름다움이 있고, 중년의 아름다움이 있고, 노년의 아름다움이 있다는 것을 의미합니다. 그런데 또 다른 의미가 있습니다. 그것은 사람마다 아름다움의 때가 다 다르다는 것입니다. 10대에 아름다움이 절정에 이르는 사람이 있습니다. 인생의 가장 화려한 때인 20대에 가장 아름다운 사람도 있습니다. 노년에 가장 아름다운 삶을 살아가는 사람도 있습니다. 이처럼 모든 사람에게 주어진 아름다움의 때가 다 다릅니다. 이것을 기억할 때 우리는 남과 비교하지 않고 자신의 때를 잠잠히 기다릴 수 있습니다.

친구와 동료가 아름다움의 자태를 드러낼 때 시기하면서 나의 초라함에 함몰될 이유가 없습니다. 나의 때는 아직 오지 않았음을 기억해야 합니다.

"The best days is yet to come"(내 인생 최고의 날은 아직 오지 않았다).

하나님이 우리의 최고로 아름다운 날을 준비하고 계심을 기억하기 바랍니다. 부족한 것이 아니라, 아직 그 날이 오지 않았다는 것을 기억하고 어깨를 펴기 바랍니다.

저는 산을 좋아합니다. 지금까지 여러 산을 올랐지만, 지리산만큼 제 마음을 빼앗아 간 산은 없습니다. 노고단이나 뱀사골에서 등반을 시작해서 능선을 따라 천왕봉 장터목 산장을 향해 가다 보면 세석평전이라는 곳에 이르게 됩니다. 세석평전은 우리나라에서 철쭉으로 가장 유명한 곳입니다. 5월에 운동장 몇 배 크기의 고원에 흐드러지게 피어 있는 철쭉을 바라보면 함성이 저절로 터져 나옵니다. 그 아름다움을 글로 담아

낼 수 없어서 안타까울 따름이죠.

철쭉이 피기 전에 똑같은 자리에서 피어나는 꽃이 있습니다. 바로 진달래입니다. 진달래도 무척 운치 있고 아름다운 꽃이지만, 철쭉이 만들어 내는 색감과 그 오묘한 자태에는 비할 바가 못 됩니다. 하지만 철쭉보다 먼저 피어서 세석평전을 장악하는 진달래만 바라봐도 지나가는 사람들은 탄성을 내지릅니다.

"와~ 진달래 봐요. 어떻게 이렇게 많이 피었지? 너무 아름다워요!"

그런데 우리 눈에 보이지 않는 한 가지가 있습니다. 그 진달래 밑에서 철쭉이 몽우리를 터트릴 만반의 준비를 하고 있다는 것입니다. 철쭉은 자신이 받아야 할 찬사를 진달래가 받고 있다고 해서 질투심 때문에 일찍 몽우리를 터트리지 않습니다. "나도 있다고요. 내가 더 아름답다니까요. 나 좀 보세요" 하며 때를 앞당겨 자신의 자태를 드러내지 않습니다. 진달래가 받아야 할 찬사를 다 받을 때까지 자신의 때를 기다립니다.

그러다가 진달래의 시절이 지나고 시들 무렵, 여기저기서 기다렸다는 듯 철쭉이 세상에 자신의 자태를 드러내기 시작합니다. 그때의 모습은 아름답다 못해 '비경'이 됩니다. 사람들의 탄성은 자지러질 듯하고, 그 아름다운 색은 5월의 계절보다 더 눈부시죠. 이는 철쭉이 자신의 때를 기다렸기 때문에 얻는 찬사입니다. 그래서 세석평전은 진달래로 유명한 것이 아니라, 기다렸다가 피는 철쭉으로 더 유명합니다.

산 정상에 서면 아무 냄새도 나지 않습니다. 불어오는 세찬 바람에 냄새가 날아가 버리기 때문입니다. 하지만 산기슭은 온갖 향기로운 냄새로 가득합니다. 우종영 나무 박사가 쓴 《나는 나무처럼 살고 싶다》(걷는나무)라는 책을 보면, 산기슭에 있는 나무의 냄새에도 순서가 있다는 것을 알게 됩니다. 산기슭에서 생강나무가 자신의 냄새를 거두기 전까지 산수유 열매는 자신의 냄새로 행인들의 발목을 잡지 않습니다. 생강나무의 시절이 지나갈 때까지 자신의 때를 기다렸다가, 그 향기가 사라질 즈음에 산수유는 자신의 향기를 드러냅니다.

이렇게 자신의 때를 기다려서 몽우리를 터트리고, 냄새를 발하기 때문에 우리는 사시사철 아름다운 꽃을 볼 수 있고, 산 속에서 언제나 다른 향기를 맡을 수 있는 것입니다. 산에 가는 길이 계절과 상관없이 항상 즐거운 것입니다.

부족한 것이 아닙니다. 그저 다른 것뿐입니다. 너의 아름다움과 나의 아름다움이 엄연히 다른 것입니다. 그렇기에 비교할 필요가 없습니다. 더욱이 그 아름다움의 꽃은 각자 다른 계절에 피어납니다. 같은 친구라도 너의 아름다움의 때와 나의 아름다움의 때가 다름을 알아야 합니다. 그래야 너의 아름다움의 때에 내가 박수 쳐 줄 수 있고, 나의 아름다움의 때에 네가 박수 쳐 줄 수 있습니다. 하나님은 만물을 때를 따라 아름답게 하셨습니다. 진달래의 때에 진달래에게 박수를 보낼 줄 아는 여유를 가져야 합니다. 그래야 하나님이 우리를 철쭉으로 쓰십니다.

겸손은 하나님이 주신 아름다운 성품이며 선물이지만, 열등감은 겸손을 왜곡시킨 사탄의 모조품입니다. 부족함이 겸손의 옷을 입는다면 믿음의 영웅들처럼 쓰임 받을 것입니다. 하지만 부족함이 열등감으로 바뀐다면 하나님은 그 열등감이 치유되기 전까지 우리를 쓰시지 않을 것입니다. 이제 열등감의 옷을 벗고 겸손의 옷으로 갈아입기 바랍니다. 나의 때가 다가오는 소리가 들릴 것입니다.

느림의 아류,
나태함

느린 것은 결코 나쁜 것이 아닙니다. 요즘 서점에 가면 느림의 미학을 주제로 쓴 책이 많이 나오고 있습니다. 한국에 불어왔던 웰빙 바람은 이제 슬로우 문화로 발전했습니다. 웰빙 음식을 먹으려니 유기농을 찾게 되는 것입니다. 유기농은 화학비료를 쓰지 않습니다. 순수 친환경 수제 거름을 만들어서 재배합니다. 그런 고급 거름을 만들기까지는 오랜 기간이 걸립니다. 그래서 한 뿌리의 무나 배추를 제대로 된 유기농법으로 만들어 내려면 시간이 오래 걸리게 됩니다. 현대인들이 웰빙 푸드를 먹기 위해 가져야 할 마음 자세는 느림을 인정하고 기다릴 줄 아는 여유입니다. 그래서 웰빙이 슬로우 문화로 발전된 것은 자연스러운 수순입니다. 웰빙이라는 말만 붙이면 날개 돋듯 팔리던 책들이 이제는 느림이라는 주제로 바뀌어서 출판되고 있습니다.

'슬로우 라이프', '슬로우 푸드', '슬로우 여행'까지 느림의 미학이 각광받고 있습니다. 개인적으로 이런 문화를 긍정적으로 받아들입니다. 외국인들이 가장 먼저 배우는 한국말이 '빨리빨리'입니다. 그만큼 우리나라는 가파른 상승 곡선을 그리며 성장해 왔습니다. 이는 하나님이 우리 민족에게 주신 장점입니다. 하지만 빠름에는 반드시 부작용이 동반됩니다. 그 부작용은 성급한 이혼, 일중독, 그로 인한 중년 사망률 1위, 교통사고 1위, 쉬운 좌절로 인한 자살률 1위 등으로 나타납니다. 이제는 쉼표를 찍으며 한 발 한 발 나가야 할 때가 됐습니다. 걸어갈 수 있는 길은 걸어가는 여유를 가져야 합니다.

노벨문학상 후보에 오른 고은 시인의 〈그 꽃〉이라는 시가 최근에 많은 사람들의 입에 회자되고 있습니다. 이 시만큼 오늘날의 삶을 잘 묘사한 시도 없습니다.

내려갈 때 보았네
올라갈 때 못 본
그 꽃

성공을 위해 달려갈 때는 보이지 않던 꽃이 인생의 실패를 경험하고 내리막길을 걸을 때 비로소 보이는 것입니다. 그 꽃은 올라갈 때도 엄연히 그 자리에 있었지만 보이지 않았던 것입니다. 현대인들은 꽃향기는 고사하고 꽃을 볼 여유가 없이 살아갑니다.

울산에 살고 있는 둘째 누님이 울산에서 제일 좋은 아파트

로 이사했습니다. 50평의 넓은 아파트는 주상복합으로 되어
있고, 31층에 위치한 누님의 집은 넓은 거실이 통유리로 되어
있어서 울산의 모든 정경이 한눈에 들어옵니다. 한국을 방문
해서 누님의 집에서 며칠 머물게 됐습니다. 아침에 일어나서
커피를 내려 한 모금 마시며 발아래로 내려다보이는 도시를
보니 마음이 뻥 뚫리는 것 같았습니다. 저만치 아름답게 조성
된 공원과 태화강이 유유히 도시를 가로질러 바다로 흘러가고
있었습니다. 그 운치가 얼마나 아름다운지 저절로 "와~" 하는
감탄사가 나왔습니다. 그때 청소를 하고 있던 누님과 나눈 짧
은 대화를 잊을 수 없습니다.

"와~ 누나. 전망이 정말 멋있다. 저 아래에 흘러가는 강을
보니 저절로 시인이 되는 것 같아."

그때 누님이 하던 청소를 멈추면서 이렇게 대답했습니다.

"나는 사는 게 바빠서, 아직 한 번도 제대로 강을 본 적이 없다."

"…"

물론 누님이 그곳으로 이사 간 지 얼마 되지 않아서 제가 방
문했기에 충분히 이해하지만, 바쁜 현대인의 삶을 누님의 그
짧은 말에서 그대로 느낄 수 있었습니다. 곰곰이 생각해 봤습
니다. '왜 내 눈에는 보이는 강이 누님의 눈에는 보이지 않는
걸까?' 그리고 이내 깨닫게 된 한 가지는, 나는 여행객이었고

누님에게는 삶의 현장이었다는 것입니다.

삶의 현장은 우리의 눈을 가리고, 긴장하게 만듭니다. 오늘을 즐기지 못하고 내일을 준비하는 긴장감으로 우리를 몰아갑니다. 하지만 여행객은 오늘이 중요합니다. 오늘 눈앞에 펼쳐진 광경을 누리고 음미하고 가슴에 담아야 합니다. 여행객에게는 모든 장면이 소중하고, 놓치기 아까운 순간입니다. 그리고 집착이 없습니다. 여행 자체가 주는 여유가 있기 때문이죠.

하나님은 당신의 자녀들이 이 세상을 살 때 영원히 살아갈 주거민처럼 살기를 원하지 않으십니다. 히브리서 11장은 우리 믿음의 조상들이 이 땅을 어떤 마음으로 살았는지를 기록하고 있습니다.

"이 사람들은 다 믿음을 따라 죽었으며 약속을 받지 못하였으되 그것들을 멀리서 보고 환영하며 또 땅에서는 외국인과 나그네임을 증언하였으니"(히 11:13).

우리 그리스도인은 매일매일이 중요합니다. 매일매일의 의미를 충분히 느끼며 살려면 이런 의도된 느림이 필요합니다. 때로는 나그네의 마음을 갖고 일상을 바라볼 필요가 있습니다. 그래야 비로소 바쁜 일상이 앗아 간 소중한 것들이 보이기 시작할 것입니다.

하지만 느림과 나태함은 반드시 구분돼야 합니다. 많은 사람들이 느림을 나태함의 결과라고 오해하지만, 더 큰 문제는 그 반대의 생각에 있습니다. 느리게 사는 것은 그렇게 쉬운 일이 아닙니다.

반에서 1등 하는 학생이 문제집으로 공부하는 방법에는 두 가지가 있습니다. 처음부터 끝까지 꼼꼼하게 문제를 분석하고 풀면서 느리게 푸는 학생이 있는가 하면, 빨리빨리 여러 번 보는 학생이 있죠. 어느 것이 더 낫다고 말할 수는 없습니다. 느리게 문제집을 봐도 꼼꼼하게 보는 학생이 있고, 빨리 보는 듯해도 반복해서 점검하는 학생이 있습니다. 그런데 나태해서 한 학기가 다 흘러가는데도 문제집을 끝마치지 못하는 인생이 되어서는 안 됩니다. 느림은 하나님의 창조 세계를 꼼꼼히 챙기고 살피면서 한 걸음씩 나아가는 신실함이 동반된 결과여야 합니다.

우리 주변에는 나태해서 느린 사람들이 많습니다. 나태함은 느림의 아류입니다. 결코 하나님이 주신 성품이 아닙니다. 성경은 게으른 사람을 싫어합니다.

"게으른 자여 개미에게 가서 그가 하는 것을 보고 지혜를 얻으라"(잠 6:6).

"그 주인이 대답하여 이르되 악하고 게으른 종아"(마 25:26).

"또 형제들아 너희를 권면하노니 게으른 자들을 권계하며"(살전 5:14).

한 달란트 받은 사람이 주인이 올 때까지 한 달란트를 쥐고 있었던 것은 느린 것이 아니라 게으른 것입니다. 주인은 느림을 책망하고 있는 것이 아니라, 게으름을 책망하고 있는 것입니다.

목회하다 보면 다양한 목회자들을 만나게 됩니다. 일전에 한국에서 만난 한 목사님의 고백은 은혜가 되면서도 고개를 갸우뚱하게 만들었습니다. 10명 미만의 성도가 모이는 교회에서 목회하는 목사님이었습니다. 그분이 목회의 어려움을 겪으면서 깨달은 것을 이렇게 나눴습니다.

"내 힘으로 목회할 수 없다는 것을 알게 됐습니다. 이제 성도를 닦달해서 훈련시키지 않고 기다리기로 했습니다. 하나님이 그들 속에서 일하실 때까지 나는 기다리기로 했습니다."

맞습니다. 목회에는 기다림이 무엇보다 중요합니다. 특히 하나님이 일하실 때까지 기다리는 것은 너무도 중요합니다. 그런데 이 은혜로운 간증이 고개를 갸우뚱거리게 만든 이유는 무엇일까요? 그것은 바로 이 목사님이 그 기다림의 기간을 나태함으로 보내는 듯 보였기 때문입니다. 목회자로서 해야 할 기본적인 일도 하지 않은 채 다른 일에 많이 바쁜 것을 보고 듣게 됐습니다. 그것은 기다림이 아니라 나태함입니다.

기다림이란, 하나님이 일하실 때까지 기다릴 줄 아는 마음을 갖고 오늘이라는 시간을 꼼꼼하고 부지런하게, 사명을 다하며 사는 것입니다. 아무것도 하지 않고 있는 것이 기다림이 아닙니다. 많은 목회자들과 그리스도인들이 "기다린다. 천천히 간다"는 말로 포장한 나태함 속에서 살아가고 있는 것은 아닌지 돌아볼 필요가 있습니다.

하나님은 우리를 향해 절대로 조급한 마음을 품지 않으십니다. 40년도 기다려 주시는 분입니다. 모세가 하나님 앞에 쓰임 받을 때까지 필요한 시간이 40년이었습니다. 하나님이라면 40년이 아니라 4개월 안에 모세를 원하는 수준으로 만드실 수 있었을 것입니다. 하지만 하나님은 40년을 기다려 주셨습니다. 여기서 하나님은 그 40년 동안 모세 안에서 하루도 쉬지 않고 일하셨다는 것을 기억해야 합니다. 하나님은 급하지 않으시지만 누구보다 부지런하게 우리 속에서 일하고 계십니다. 심지어 졸지도, 주무시지도 않고 우리와 보조를 맞추며 우리를 이끌어 가십니다. 부지런함의 아류, 나태함을 경계하길 바랍니다.

작다고
다 아름다운 게 아니다

옛날에는 큰 것이 미의 상징이었습니다. 건물을 얼마나 크게 지었는지가 성공의 기준이었죠. 큰 집을 비유할 때는 "고래등 같은 기와집"이라고 표현했습니다. 포유류 중에 가장 큰 동물이 고래이듯, 그렇게 큰 집이 성공의 상징이 된 것입니다. 사람들도 마른 사람보다 뚱뚱한 사람을 좋아했고, 그런 사람을 부자라고 표현했습니다.

　하지만 이제는 미의 기준이 바뀌고 있습니다. 뚱뚱한 사람보다 마른 사람이 인기 있고, 큰 차보다 날렵하고 세련된 디자인을 더 선호하는 시대가 됐습니다. 이제 세상은 누가 더 작은 것을 만들어 내느냐의 경쟁에 혈안이 되어 있습니다. 얼마나 작은 곳에 얼마나 많은 것을 담느냐가 기업의 승패를 좌우하는 것이죠.

이런 자연스러운 문화적 현상이 결국 스몰리즘(Smallism)이라는 신조어를 만들어 냈습니다. 그리고 이런 시류에 부흥하여 경제학자 E. F. 슈마허(E. F. Schumacher)가 쓴 《작은 것이 아름답다》(문예출판사)라는 책은 그야말로 세계적인 베스트셀러가 됐습니다. 물론 슈마허의 책 내용은 퇴색된 작은 것들의 의미를 재발견하고, 강대국과 대기업에 함몰되는 약소국과 중소기업을 살려 내자는 취지에서 쓴 글입니다. 그러나 사람들은 그 내용보다 제목에 천착하게 됐고, 작은 것이 아름답다는 이 경구가 금과옥조처럼 돼 버렸죠.

그러나 이 말은 절반은 맞고 절반은 틀린 말입니다. 경험에 의하면, 작은 것이라고 다 아름답지는 않습니다. 작은 것 중에 추한 것도 많고, 큰 것 중에 아름다운 것도 얼마든지 있습니다. 슈마허의 책을 다른 말로 표현하면 "작은 것도 아름답다"가 맞지 않을까요? 작은 것도 얼마든지 아름다울 수 있습니다. 작은 것은 실패한 것이라고 자연스럽게 등식이 성립되는 세상에서 우리는 "작은 것도 얼마든지 아름다울 수 있다!"라고 외쳐야 합니다.

크기 전까지 움츠리고 있을 필요가 없습니다. 작아도 시작할 수 있는 일들이 세상에는 너무나도 많습니다. 작은 것은 큰 것으로 가는 과정도 아니고, 작은 것은 큰 것을 기다리는 준비 과정도 아닙니다. 작은 것에서 소중한 것들을 발견해야 합니다. 어차피 세상은 큰 것보다 작은 것이 많습니다. 앞으로도 그럴 것입니다.

하지만 "작은 것이 아름답다"는 등식은 건강한 성장을 방해합니다. 이 말은 마치 커 버린 것은 모두 변질된 것이고, 타협과 부정의 결과물이라는 인상을 심어 줍니다. 작은 것이 정말 다 아름다울까요? 큰 것은 정말 다 추한 것일까요? 우리가 추구해야 할 것은, 작지만 아름다울 줄 아는 여유와 크면서도 아름다움을 잃지 않는 순결함입니다.

아름다운 것이 다 작은 것만은 아닙니다. 작아도 얼마든지 아름다울 수 있습니다. 작은 것은 절대로 실패의 결과가 아닙니다. 단지 하나님이 각자 다르게 사용하시는 것뿐이죠.

앞에서 언급한 달란트 이야기를 다시 한번 생각해 봅시다. 주인이 떠나면서 3명의 종에게 각각 다섯 달란트, 두 달란트, 한 달란트를 맡겼습니다. 주인이 왜 3명에게 다른 액수의 돈을 줬는지에 대한 이유가 소개돼 있습니다.

"각각 그 재능대로 한 사람에게는 금 다섯 달란트를, 한 사람에게는 두 달란트를, 한 사람에게는 한 달란트를 주고 떠났더니"(마 25:15).

성경에서는 "각각 그 재능대로" 달란트를 나눠 줬다고 분명히 기록하고 있습니다. 이 구절을 읽으면서 우리는 자동적으로 한 달란트는 작은 재능, 다섯 달란트는 큰 재능이라고 생각합니다. 하지만 성경은 누가 재능이 더 뛰어난지는 설명하지 않습니다. 우리의 선입견이 다섯 달란트 받은 사람의 재능이 크고, 한 달란트 받은 사람의 재능이 작다고 인식하게 만든 것입니다. 성경은 다섯 달란트 받은 사람의 재능이 크기 때문에 다섯 달란트를 줬다고 말하지 않습니다.

여기서 역발상을 해 볼 수 있습니다. 재능이 많은 사람에게는 적은 밑천을 주고, 재능이 부족한 사람에게는 많은 밑천을 준 것은 아닐까요? 한 달란트 받은 사람이 재능이 부족해 적은 달란트를 받은 것이 아니라, 재능이 많기에 한 달란트로도 충분히 일어설 수 있다고 생각해서 한 달란트를 맡긴 것일 수도 있습니다.

유대인들은 자녀에게 많은 재산을 물려주지 않습니다. 대신 재능을 물려줍니다. "고기를 주기보다 고기 잡는 법을 가르치라"는 유명한 유대인의 속담이 있습니다. 그들이 현금이나 땅 등의 재산을 물려주기보다 재능을 물려주는 데는 이유가 있습니다. 2,000년 동안 그들은 늘 핍박을 받고 이곳저곳으로 쫓겨다니며 살았습니다. 그래서 그들이 돈을 모으고 땅을 사 놓는다고 해도 언제 다른 곳으로 쫓겨날지 모릅니다. 언제 은행에 있는 돈을 빼앗길지 모릅니다. 그래서 그들은 그 땅과 현금을 그들의 재능 속에 담아 자녀들에게 전수하는 것입니다. 그러니 전 세계 노벨상의 3분의 1을 유대인들이 거머쥔 것은 전혀 이상한 일이 아니죠.

이런 법칙을 이해한다면, 주인이 한 달란트를 준 종은 가장 많은 재능을 지녔을지도 모릅니다. 반면에 다섯 달란트 받은 사람은 재능의 부족으로 인해 그만큼 필요한 돈이 많았던 것은 아닐까요?

한 달란트가 한 달란트 재능으로 인식되는 오늘날 우리는 이 달란트 비유를 다시 한번 생각해 봐야 합니다. 한 달란트 받았다고 절대로 한 달란트 인생이 아님을 알아야 합니다. 작은 교회에서 목회한다고 작은 목사가 아니고, 작은 교회에 다닌다고 작은 성도가 아닙니다. 작은 교회도 얼마든지 아름다운 주의 일을 감당할 수 있습니다. 작은 교회에 다니는 성도라고 해서 절대로 헌신이 작지 않습니다.

작다고 다 아름다운 것은 아닙니다. 작다고 다 엉뚱한 안정감과 안도감을 가져서는 안 됩니다. 그 작음의 결과가 나의 나태함과 게으름의 결과라면 한 달란트 받은 사람처럼 책망의 대상이 될 것입니다. 다섯 달란트처럼 큰 것을 받아도 성실히 자신의 임무를 다한다면 얼마든지 칭찬받을 수 있습니다.

　이제 우리가 추구해야 할 것은 사이즈에 상관없이 아름다운 사람들이 되는 것입니다. 작아도 아름답고, 커도 아름다움이 퇴색되지 않는 세상을 만들어야 합니다.

8

부 족 함 을
만 족 함 으 로

만족이란, 원하는 결과에 대해 반응하는 마음의 상태가 아닙니다. 우리의 만족
은 소유에서 오지 않습니다. 우리의 존재를 예수님께 온전히 내어 맡길 때 만족
이 생깁니다. 우리가 예수님 안으로 들어가면, 부족한 우리의 삶도 만족으로 가
득 차게 될 것입니다.

앨라배마 주에서 오랫동안 목회
하신 목사님의 젊은 시절에 대한 간증입니다.

목사님은 신학교를 졸업하고 기독교 고등학교의 교목이 됐
습니다. 고등학교 교목이다 보니 청소년 수련회 강사로 자주 다
니게 됐습니다. 어느 여름, 경기도의 어느 도시에 있는 중·고등
부 연합수련회 강사로 초청받았고, 흔쾌히 승낙했습니다. 예정
된 집회가 시작되기 일주일 전에 전화 한 통이 걸려 왔는데, 집
회를 책임진 학생회 회장이었습니다.

"목사님, 다음 주 집회 때 전해 주실 말씀 본문과 제목을 알
려 주세요."

"본문은 시편 23편 전체, 제목은 '여호와는 나의 목자시니.'"

문장이 끝나지 않은 제목은 어색하던 시절이라 학생은 다시 질문했습니다.

"제목이 이게 다예요?"

"뭐가 더 필요해?"

"알겠습니다. 다음 주에 뵐게요."

그렇게 전화를 끊고 다음 주에 집회장에 도착해서 순서지를 받아 든 목사님은 박장대소를 했습니다. 그 순서지에 설교 제목이 이렇게 적혀 있었던 것입니다.

"여호와는 나의 목자시니, 뭐가 더 필요해?"

그 제목을 본 목사님이 오히려 더 큰 은혜를 받았다고 합니다. 설교를 더 할 필요도 없이, 제목만으로 충분히 은혜를 받은 것입니다. 여호와가 우리의 목자이신데, 무엇이 더 필요하겠습니까.

만족
노하우

성경에서 가장 완벽한 만족의 상태를 보여 주는 곳이 있다면 단연 우리가 잘 아는 시편 23편일 것입니다. 시편 23편은 목동이었던 다윗의 노래입니다. 다윗이 목동으로 있을 때 쓴 시가 아니라, 왕이 된 후에 과거를 추억하면서 쓴 시입니다. 왕이 된 다윗이 목동의 시절을 잊지 않고 기억했다는 것도 놀라운 일이지만, 더욱 놀라운 사실이 시편 23편에 들어 있습니다.

시편 23편은 이렇게 시작합니다.

"여호와는 나의 목자시니 내게 부족함이 없으리로다."

시편 23편의 일관적인 동사 시제는 현재형과 미래형입니다. 쉽게 말해서, 아직 이뤄지지 않은 상태를 기록하고 있는 것이죠. 시인이 1절에서 만족을 노래할 때 2절부터 6절까지의 내용 중 이뤄진 것이 하나도 없음을 주목해야 합니다. 1절에서 "내게 부족함이 없으리로다" 하고 고백한 것은 모든 것이 채워진 결과적 상태가 아닙니다. 아무것도 된 것이 없고 시작되지 않은 상태에서 미리 고백하는 믿음의 고백입니다. 이것이 부족함 가운데서도 만족을 노래할 수 있었던 근원적 이유죠.

만족이란, 원하는 결과에 대해 반응하는 마음의 상태가 아니라, 일의 시작 앞에서 미리 드리는 신앙 고백입니다.

시편 23편에서 시인은 2절부터 6절까지 나오는 기가 막힌 인도하심과 보호하심과 채우심이 이뤄졌거나 이뤄질 것이기 때문에 만족을 노래하는 것이 아닙니다. 그의 만족의 근원적인 이유는 여호와가 자신의 목자시라는 사실 하나입니다. 만족은 관계에서 나오는 부산물입니다. 관계가 좋으면 모든 것이 만족스럽습니다.

비가 새는 작은 방에서 새우잠을 잔다고 해도 신혼부부에게는 여전히 모든 것이 만족스럽습니다. 사랑하는 사람과 함께할 수 있다면 그곳이 어디라도 상관없습니다. 하지만 관계가 잘못돼 있을 때는 아무리 큰 집에서 좋은 침대에 누워 잠을 잔다고 해도 불만의 이불을 덥고, 근심의 베개를 베고 불면의 밤을 지새우는 것입니다.

시편 23편에서 시인은 쉴 만한 물가와 푸른 초장만을 지나간 것이 아님을 기억해야 합니다. 그랬다면 누구든지 만족을 노래할 수 있을 것입니다. 하지만 그는 그 초장과 물가를 지나이내 사망의 음침한 골짜기를 만나게 됩니다. 극도의 불안함과 초조함으로 그 깊은 계곡을 지나가야 합니다. 그럼에도 불구하고 시인은 자신의 만족한 마음 상태를 빼앗기지 않습니다. 여호와가 나의 목자시라는 관계 때문입니다.

아름다운 관계는 음침한 사망의 골짜기에서도 노래를 만들어 내는 신비한 능력이 있습니다. 그래서 시편 23편의 키워드는 푸른 초장도, 쉴 만한 물가도, 음침한 골짜기도 아닌, '목자'

입니다. 그것 하나로 나머지 다섯 구절의 다양한 경험이 모두 해결될 수 있는 것입니다. 여호와가 나의 목자시라는 절대 만족이 푸른 초장으로 우리를 데려가도, 때로는 부담스러운 의의 길에 우리를 세워 둬도, 듣기만 해도 소름 끼치는 사망의 음침한 골짜기를 지나도 결과는 시편 23편이라는 아름다운 시를 만들어 내는 것이죠.

지금 사망의 음침한 골짜기를 지나가고 있다면, 가장 먼저 해야 할 일은 이리와 승냥이의 숫자를 파악하고 계곡의 깊이와 길이를 탐구하는 것이 아닙니다. 여호와 하나님이 나를 지키시는 목자라는, 누구도 끊어 놓을 수 없는 관계를 기억해야 합니다. 그래야 계곡에서도 노래를 부르는 근사한 사람이 될 수 있습니다.

저는 "여호와는 나의 목자시니 내게 부족함이 없으리로다"라는 구절이 6절에 있지 않고 1절에 있는 것이 너무나 감사합니다. 모든 것이 이뤄진 후에는 누군들 감사와 만족을 못하겠습니까? 하지만 일의 시작에서 만족을 선포하고 살아가는 사람은 많지 않습니다.

여호와는 나의 목자시니, 뭐가 더 필요합니까?

관계만 괜찮다면,
감사!

마태복음 25장에는 유명한 달란트 비유가 나옵니다. 주인은 3명의 종에게 특별한 기준도 없이 다섯 달란트, 두 달란트, 한 달란트를 나눠 주고, 돌아올 때까지 잘 사용하라고 명령합니다. 한 달란트 받은 사람은 왜 셋 중에 자신이 한 달란트를 받아야 하는지 도무지 이해할 수 없었을 것입니다. 매일 다섯 달란트 받은 사람을 생각하면서 자신의 손에 들린 한 달란트의 초라함을 묵상했을 것입니다. 그러다가 그 한 달란트마저 땅속 깊은 곳에 묻어 버렸습니다.

부족함은 우리를 살리지만, 불만족은 우리를 죽입니다. 한 달란트 받은 사람의 문제는 부족한 돈의 액수가 아닙니다. 그의 문제는 부족함이 아니라 불만족입니다. 부족함을 느끼는 것과 불만족을 느끼는 것은 하늘과 땅만큼 큰 차이가 있습니다. 하나님은 부족한 사람은 도와주시지만 불만족한 사람은 도와주지 않고 책망하십니다. 한 달란트 받은 사람은 부족함이 아닌 불만족으로 일관했습니다.

한 달란트 받은 사람의 문제는 과연 어디에 있었던 것일까요? 도대체 무엇이 그로 하여금 만족을 모르는 사람으로 만들었던 것일까요? 거기에는 몇 가지 이유가 있습니다.

첫째, 자신의 눈으로 다섯 달란트를 본 것이 문제였습니다. 한 달란트는 결코 적은 돈이 아닙니다. 요즘 화폐로 환산하면 6억 정도 되는 큰돈입니다. 하지만 다섯 달란트, 즉 30억의 돈을 이미 본 것이 그를 불만족의 사람으로 만들어 버린 것입니다. 불만족의 사람에서 만족의 사람이 되려면, 남의 손에 들린 다섯 달란트를 보지 말고 내 손에 들린 한 달란트를 볼 줄 알아야 합니다. 하나님이 남에게 주신 열 가지 재능을 보지 말고, 나에게 주신 한 가지 재능을 볼 줄 아는 사람은 결코 하나님이 버리지 않으십니다.

둘째, 부족함을 없는 것으로 착각한 것이 문제였습니다. 주인이 돌아왔을 때 한 달란트 받은 종이 그것을 내놓으면서 한 말이 충격적입니다.

"당신은 심지 않은 데서 거두고 헤치지 않은 데서 모으는 사람입니다."

이 사람이 지금 주인을 향해 당신은 심지 않았다고 말하는 것으로 봐서, 그는 한 달란트를 적은 것으로 보지 않고 없는 것으로 봤음을 알 수 있습니다. 적은 것과 없는 것은 천지 차이입니다. 부족한 것과 없는 것은 전혀 다른 이야기입니다. 하나님은 절대로 우리에게 주지 않고 요구하시는 법이 없습니다. 단지 너무 작아서 없는 것처럼 보일 뿐입니다. 겨자씨 한 알만한 믿음에도 하나님의 능력은 충분히 머물 수 있음을 알아야 합니다.

셋째, 가장 중요한 불만족의 이유는 주인과의 관계입니다. 주인이 돌아왔을 때 종은 주인을 향해 당돌하게 이야기합니다.

"당신은 굳은 사람입니다."

이 종은 주인을 오해하고 있었습니다. 주인이 30억, 12억, 6억이라는 엄청난 돈을 나눠 줬음에도 불구하고 주인을 인색한 사람으로 오해하고 있었던 것입니다. 더 큰 문제는 종이 주인을 대하는 태도입니다. 그는 자신이 한 달란트를 땅에 묻은 이유를 이렇게 설명합니다

"두려워하여 나가서 당신의 달란트를 땅에 감추어 두었었나이다"(마 25:25).

종은 주인을 두려워하고 있었습니다. 관계에 빨간불이 들어온 것입니다. 불만족은 비뚤어진 관계에서 생겨납니다.

목회 초기에 젊은 목사가 감당하기에는 너무 힘든 일이 많았습니다. 특히 상처 입은 성도들을 심방하고 목양하는 것이 너무 힘들었습니다. 모든 가정이 이혼과 파산의 아픔을 갖고 있었고, 책으로 써 낸다면 몇 권의 책을 써도 모자랄 사연들을

안고 살아가고 있었습니다. 내가 꿈꾼 교회와 성도는 세상을 이기는 군대였는데, 내 눈앞에 있는 교회는 병원이었습니다. 너무 힘들어서, 댈러스에서 일찍 목회를 시작하여 큰 교회를 이룬 목사님을 찾아가 하소연했습니다.

"목사님은 좋으시겠습니다. 성도 중에 미국에서 성공한 분도 많고, 건강한 가정도 많고, 선교와 구제를 마음껏 할 수 있는 분도 많으니까요. 우리 교회는 모두 상처 있는 사람들과 아픈 사람들만 넘쳐 나요. 하나님이 왜 저를 이렇게 힘들게 하시는지 모르겠어요."

그러자 목사님은 제게 이런 이야기를 해 주셨습니다.

"하나님이 성도를 어느 교회에 보내실 때는 그냥 보내시는 법이 없어요. 상처 받은 한 성도를 교회에 보내실 때 하나님은 댈러스의 어느 교회에 보내면 이 상처 입은 영혼을 잘 보살펴 줄까를 생각하시다가, 최 목사와 세미한교회를 생각하시고 믿고 보내 주신 거예요."

그 순간 나의 눈이 열렸습니다. 그때까지 하나님을 향해 품고 있던 서운한 마음이 감사한 마음으로 바뀌었습니다. 이전까지는 하나님이 나를 골탕 먹이시려고 어려운 성도를 보내시는 것으로 생각했습니다. 그런데 다시 생각해 보니, 내가 그런 성도를 잘 목양할 수 있다고 인정해 주셨기 때문에 내게 맡기신 것입니다. 그렇게 생각하니 감사가 넘쳤습니다. 상황은 바뀐 것이 하나도 없는데, 내 마음속에서 하나님을 향한 관계가 바로 세워지니 불평이 감사로 바뀌었습니다.

그 다음 주부터 새 가족이 올 때마다 감사가 넘쳤습니다. 어려운 사연을 가진 성도가 올 때마다 내 마음에 불평이 넘쳤는데, 이제는 어려울수록 '하나님이 나를 이 정도까지 믿어 주시는구나' 하고 생각합니다. 그러니 오히려 감사가 넘칩니다. 관계가 나의 불평을 감사로 바꿔 놓은 것입니다.

한 달란트 받은 사람과 주인의 관계를 생각해 봅시다. 한 달란트 받은 사람이 저와 같은 마음을 가졌다면 어땠을까요? 그가 주인을 두려워하지 않고, 주인을 피도 눈물도 없는 인색한 사람으로 생각하지 않고, 자신을 믿기 때문에 한 달란트를 맡기셨다고 생각했다면 어떤 마음이 들었을까요?

"우리 주인이 나에게 한 달란트를 준 이유는, 나를 믿기 때문이야. 주인이 생각할 때, 나는 한 달란트만 줘도 얼마든지 큰일을 해낼 수 있다고 생각한 거야."

오히려 적게 줄수록 주인이 더 믿어 주는 것으로 해석했을 것입니다. 그리고 다섯 달란트 받은 사람을 보면, 지금까지 부러웠던 그가 하나도 부럽지 않고 측은해 보일 것입니다. 아마 이렇게 생각하지 않을까요?

'나는 한 달란트만 있어도 얼마든지 할 수 있다고 주인이 믿어 주는데, 저 사람은 얼마나 능력이 없었으면 주인이 다섯 달란트나 줬을까?'

관계가 상황을 재해석해 낸 것입니다. 달라진 것은 하나도 없지만, 주인과의 관계가 바로 서 있으면 어떤 상황도 불평과 불만이 아닌, 만족과 감사로 바뀌는 것입니다.

시편 23편에서 시인이 모든 일 앞에서 미리 감사와 만족을 노래할 수 있었던 것은 여호와가 나의 목자시라는 변치 않는 관계 때문이었음을 잊지 말아야 합니다. 부족해도 괜찮습니다. 정말 괜찮습니다. 하나님과의 관계에만 이상이 없다면, 어떤 상황 가운데서도 만족을 노래할 수 있습니다.

소록도보다 먼 섬,
지라도

목사님 몇 분과 함께 소록도를 방문한 적이 있습니다. 소록도 한가운데 자리 잡은 소록도중앙교회는 소록도의 역사와 함께하는 유서 깊은 교회입니다. 그 교회에는 소록도중앙교회와 역사를 함께해 오신 80세 정도 돼 보이는 할아버지 전도사님이 계셨습니다. 두꺼운 안경 너머로 나병의 흔적이 고스란히 온몸에 남아 있었습니다.

그분은 예배당에 모여 있는 일행 앞에서 소록도와 소록도중앙교회의 역사에 대해 열심히 설명해 주셨습니다. 소록도중앙교회는 건축 당시 서울 영락교회 다음으로 한국에서 큰 예배당이었다고 합니다. 나병을 앓고 부모, 형제에게 버림 받고 이곳으로 온 사람들이 산에서 나무를 베고 모래사장에서 모래를 실어다가 교회를 지었다는 감동적인 이야기를 전하셨습니다. 모래를 퍼내느라 무너져 내리는 살 때문에 소록도 앞바다가 피로 변했다는 이야기도 빼놓지 않으셨습니다.

그리고 소록도에서 발견한 또 하나의 섬에 대한 감동적인 이야기가 있습니다. 그분의 말을 그대로 옮겨 보겠습니다.

"여러분, 사람이 살아가다가 이 소록도까지 왔다고 하면 막장에 온 것입니다. 이곳의 사람들은 더 이상 갈 곳이 없는 사람들입니다. 다른 병은 생기면 온 가족이 살려 내겠다고 식음을 전폐하고 도와주는데, 문둥병에 걸리면 부모도 버립니다. 그러니 이곳에 온 사람들은 모두가 몸에 생긴 병보다 마음에 생긴 병이 더 큰 사람들입니다. 세상에서는 아무도 자신을 받아 주지 않는데, 이곳에 와서 자신들을 아무 조건 없이 받아 주는 예수님을 만나고 인생을 새로 시작한 사람들이 소록도 사람들입니다.

그런데 이 사람들이 소록도에 와서 변한 게 아닙니다. 소록도에서 조금 더 가면 섬이 하나 더 있는데, 그 섬을 다녀오고서 인생이 다 변해 버렸습니다. 그 섬 이름이 조금 특이한데 '지라도'라는 섬입니다. 우리 소록도중앙교회 사람들은 한 사람도 안 빼고 다 이 지라도에 갔다 왔습니다. 목사님들도 이왕 바쁜 시간 내서서 이곳까지 오셨으니까, 제가 주소를 알려 드릴 테니 이 지라도에 갔다가 돌아가시기 바랍니다."

우리 일행은 여기까지 왔으니 이왕이면 그 섬에 들렀다 가자고 마음을 모으고, 주소를 알려 달라고 부탁드렸습니다.

"주소는 아주 쉬운데, 바로 하박국 3장 17-18절입니다. 거기에 보면 지라도라는 섬이 나오는데, 이 지라도에 다녀오면 겁날 게 없습니다.

'비록 무화과나무가 무성하지 못하며 포도나무에 열매가 없으며 감람나무에 소출이 없으며 밭에 먹을 것이 없으며 우리에 양이 없으며 외양간에 소가 없을지라도.'

여기에 지라도라는 섬이 나오지요. 이 섬에만 갔다 오면 병이 있고, 없고가 문제가 안 됩니다. 먹을 것이 있고 없고, 입을 것이 많고 적고도 문제가 안 됩니다. 이 섬에 다녀온 사람은 다 이렇게 바뀝니다.

'나는 여호와로 말미암아 즐거워하며 나의 구원의 하나님으로 말미암아 기뻐하리로다.'

오늘 이 섬에 다 갔다가 돌아가시기 바랍니다."

소록도 너머에 있는 섬이 지라도입니다. 소록도는 인간이 갈 수 있는 마지막 섬이었지만, 그곳에는 하나님의 시작인 지라도가 기다리고 있었던 것입니다. 소록도가 지라도와 연결돼 있듯, 부족함은 만족함과 맞닿아 있습니다.

하나님 안에 잠길 때, 찾아오는 안전

부족함은, 만족으로 초대하시는 하나님의 초대장입니다. 하나님을 만나면 모든 것에서 만족을 느낄 수 있습니다.

어떤 사람이 명성이 높은 스승을 찾아가서 제자로 받아 달라고 했습니다. 스승은 그를 시험해 보기 위해 어려운 문제 하나를 내고, 이 문제를 내일까지 풀어 오면 받아 주겠다고 했습니다. 밑 빠진 독 하나를 주면서 이 독에 물을 가득 담아 오라고 한 것입니다. 제자가 되기를 원하는 열심에 그 사람은 할 수 있는 모든 방법을 동원했지만, 그 독에 물을 가득 채울 방법은 없었습니다.

그 다음 날 그는 스승을 찾아가서, 밑 빠진 독에 물을 채울 방법은 세상 어디에도 없다고 불만을 쏟아 냈습니다. 그러자 스승은 그 독을 들고는 흐르는 시냇가에 던졌습니다. 그러자 그 독 안에 물이 가득했습니다. 독에 물을 담으려고 할 때는 채울 수 없던 물이, 독을 물에 담그니 단숨에 채워진 것입니다.

예수님은 이 만족의 비밀을 이미 2,000년 전에 말씀하셨습니다.

"나는 포도나무요 너희는 가지라 그가 내 안에, 내가 그 안에 거하면 사람이 열매를 많이 맺나니 나를 떠나서는 너희가 아무것도 할 수 없음이라"(요 15:5).

우리의 만족은 소유에서 오지 않습니다. 우리의 존재를 예수님께 온전히 내어 맡길 때 만족이 생깁니다. 우리가 예수님 안으로 들어가면 그분 안에 완전히 잠기게 됩니다. 그 순간 아무리 깨진 독이라도 그분이 주시는 만족으로 가득 차게 될 것입니다.

대학원 시절에 함께 공부하던 전도사님이 들려준 이야기입니다. 어느 날 필립 얀시(Philip Yancey)의 책을 읽다가 탁자 위에 놓아 뒀는데, 아내가 지나가다가 그 책을 보고는 왜 이런 책을 읽느냐면서 불쾌한 얼굴을 하고, 책을 툭 치면서 지나가더랍니다. 이유를 물으니, 책 제목이 마음에 들지 않는다는 것입니다. 그 책 제목은 《아내 안에 하나님이 없다》였습니다. 사모님이 왜 내 안에 하나님이 없느냐고 따지면서 "당신은 나를 어떻게 봤기에 이런 책을 읽느냐"고 타박하는데, 웃음을 참을 수가 없었다고 합니다. 사실 그 책 제목은 《아, 내 안에 하나님이 없다》(IVP)였습니다.

하나님의 마음속에는 항상 우리로 가득 차 있습니다. 그런데 우리 안에는 하나님이 없을 때가 너무 많습니다. 이 마음은 한쪽의 마음에만 있어야 할 것이 아닙니다. 예수님은 말씀하셨습니다.

"네가 내 안에 거하고, 내가 네 안에 거할 때 과실을 많이 맺는 삶을 살 수 있다."

예수님이 우리 안으로 들어오셨습니다. 그리고 이렇게 속삭이십니다.

"이제 네가 내 안으로 들어오렴."

그렇습니다. 이제 우리가 그분 안으로 들어가야 할 시간입니다. 그분 안으로 들어가서 그분 안에 잠겨야 합니다. 완전히 잠수해야만 합니다.

2004년에 28만 명의 사망자를 낸 인도네시아의 쓰나미는 전 세계 사람들에게 충격을 줬습니다. 바다 밑에서 일어난 강도 9.3의 지진으로 평화롭던 동남아시아의 여러 나라가 삽시간에 파도에 휩쓸려 흔적도 없이 사라져 버렸습니다. 평화로운 대낮에 속수무책으로 불어닥친 그 쓰나미를 피할 방법이 도무지 없었던 것입니다.

그런데 놀랍게도, 그 쓰나미가 일어나던 시간에 바다 밑에서 스킨 스쿠버를 하던 사람들은 안전하게 살아났습니다. 오히려 깊은 바닷속으로 들어간 사람일수록 생존률이 높았다고 합니다. 그리고 이런 일은 스킨 스쿠버 다이빙을 하는 사람들에게는 상식이라고 합니다. 그들 중에는 심지어 쓰나미가 일어난 것조차 모르고 바다를 걸어 나온 사람들도 있었다고 합니다.

하나님 안에 잠길 때 찾아오는 안전은 생각보다 큽니다. 세상이 흔들리고 나라는 변하고 군왕은 춤추며 인생이 바다 가운데 빠진다고 해도, 하나님의 깊은 임재 속에 들어간 사람은 늘 안전합니다. 큰 파도가 뛰놀고 사나운 물이 인생의 거룻배 안으로 들어와 삶을 통째로 흔들어 놓을 때, 산소마스크를 하고 바닷속 깊은 곳으로 내려가면 그곳에서 가장 고요하고 안전한 피난처를 만날 수 있습니다.

우리의 삶이 힘들어질수록, 파도가 거세질수록 하나님의 더 깊은 임재 안에 잠겨야 합니다. 임재 속으로 깊이 들어갈수록 그곳이 가장 안전한 곳임을 알게 될 것입니다.

"내가 주의 영을 떠나 어디로 가며 주의 앞에서 어디로 피하리이까 내가 하늘에 올라갈지라도 거기 계시며 스올에 내 자리를 펼지라도 거기 계시니이다 내가 새벽 날개를 치며 바다 끝에 가서 거주할지라도 거기서도 주의 손이 나를 인도하시며 주의 오른손이 나를 붙드시리이다"(시 139:7-10).